公共数字文化资源共建共享模式研究

Research on the Models for the Co-Construction and Sharing of Public Digital Cultural Resources

主　编：罗云川　祁　艳
副主编：张宜春　楚义芳　欧阳平方

中国旅游出版社

本书获得国家重点研发计划项目《公共文化资源智能共建共享与管理平台关键技术研究》（项目编号：2019YFC1521400）的资助与支持。

《公共数字文化资源共建共享模式研究》
编写组

主　编：罗云川　祁　艳

副主编：张宜春　楚义芳　欧阳平方

编　委：朱先忠　郑　杰　朱欣娟　焦延杰

　　　　张　珺　张桂刚　王　云　高全力

　　　　邢　军　李　伟　梁天雨　黄司祺

近年来，随着大数据、人工智能、区块链等新一代信息技术的变革，文化资源数字化建设迅速发展。从全球范围来看，当前世界各国（特别是发达国家）都在不同程度上加大了对文化资源数字化建设的投入，各类文化惠民工程取得了长足发展，如世界数字图书馆（WDL）、欧洲数字图书馆（Europeana）、美国数字公共图书馆（DPLA）、英国国家档案馆（The National Archives）、加拿大图书档案馆（LAC）等，这些实践案例经历了合作共建、资源共享、知识共享三大阶段，并从整体上显现出重视供需匹配平衡、强调国际合作、注重知识产权保护、关注新技术与新产业以及社会力量参与等发展趋势。

同时，我国也部署实施了相关文化数字化战略，公共文化数字化发展成效显著。党的二十大报告明确指出，"实施国家文化数字化战略，健全现代公共文化服务体系，创新实施文化惠民工程"。为提升公共文化服务效能，文化和旅游部持续推进实施国家文化数字化战略。从 2002 年开始实施的一系列文化惠民工程，到 2017 年升级推出国家公共文化云，再到实现公共数字文化工程融合，以现代信息技术为支撑的公共数字文化服务体系建设取得了突破性进展，成了打通公共文化服务"最后一公里"的重要助力。

随着经济社会发展，社会公众的文化需求呈现个性化、多元化的态势，而现今我国公共文化服务体系发展仍然相对滞后，部分公共文化产品和服务存在形式陈旧、同质化严重、资源配置错位及个性化和智能化水平不足等问题，无法满足人民群众日益增长的文化需求，制约了公共文化的发展，影响了公共文化服务效能。可以说，当前我国的公共文化服务正处在一个从"有没有""缺不缺"向"好不好""精不精"转型升级的关键时期。基于此，亟须研究如何运用数字科技、智能科技，实现全国各层级公共文化机构文化资源的互联互通与共建共享，实现社会力量参与共建，满足人民群众的文化需求，改善用户体验。

本书是国家重点研发计划项目"公共文化资源智能共建共享与管理平台关键技术研究"（项目编号：2019YFC1521400）的重要研究成果。在项目研究的基础上，本书针对公共数字文化资源建设的诸多问题，从制度建设、版权许可、关键技术路线、应用示范、运行保障等维度探索了公共数字文化资源共建共享的新模式。针对公共数字文化资源共建共享实践缺乏制度建设的问题，对公共数字文化资源共建共享模式的制度建设开展研究，梳理了公共数字文化资源共建共享的基本概念，明确了数字文化资源的基本范围和类型，总结了数字文化资源建设的基本特征以及共建共享的基本原则。针对目前资源共建共享存在的机制问题，从多元参与、精准服务、数据安全等角度，探索共建共享制度的建设理念、建设要素和建设机制。针对公共数字文化资源管理中的版权困境和激励动力不足等问题，设计了版权相关解决方案，构建了考虑版权所有方和利益相关方关系的版权开放许可体系。针对公共数字文化资源多元化且互不相通，缺乏个性化、智能化服务的问题，探索了从多渠道资源供给端到个性化推荐和分发服务端以及服务效能评估等资源共建共享的技术路径。同时，重点以国家公共文化云和部分地方应用为例进行了案例阐述，尝试以数字文化资源共建共享新模式进行应用实践。最后，分析了公共数字文化资源建设的优化策略，从法律法规、人才队伍、财政资金、信息安全、标准规范和社会力量参与等方面提出了公共数字文化资源共建共享模式的保障机制，助力共建共享模式的智慧化显现，以提升公共数字文化服务效能。

希望本书能够为文化领域的从业者、建设者、研究者提供参考，为应用新科技推动文化在新时期的高质量发展研究提供借鉴，为构建现代公共文化服务体系提供思考。

是为序！

罗云川

2022 年 11 月 24 日

　　本书观点形成于国家现代公共文化服务体系构建的背景之下，并以国家关于现代公共文化服务体系的指导思想和国家总体发展战略为指导，遵循从提出问题到分析问题再到解决问题，从理论分析到实践运用再到对策探讨的基本思路，开展公共数字文化资源共建共享模式研究。

　　本书以提升公共数字文化服务效能和推进现代公共文化服务体系构建为目标，通过文献梳理和实地调研等方式，了解我国公众对公共数字文化资源共建共享的文化需求；分析我国公共数字文化资源共建共享进程的发展现状，从中查摆社会需求与现实供给之间的差距；通过比较与分析国外公共数字文化资源共建共享模式，阐释其对我国的启示意义，在此基础上探讨我国公共数字文化资源共建共享模式构建的内涵要素和基本原则，以及与之相关的运行优化策略和智慧化保障体系。

　　本书是国家重点研发计划《公共文化资源智能共建共享与管理平台关键技术研究》项目（项目编号：2019YFC1521400）的阶段性研究成果，主要由课题一团队组织撰写，课题二至课题五团队提供技术成果内容，相关任务分工安排如下：

　　项目负责人罗云川负责统筹把握研究思路、技术路线及书稿的整体统筹。课题一负责人祁艳负责拟定书稿大纲，并参与书稿主要内容的修改。第一章、第二章、第三章、第四章、第五章第一节、第八章的撰写及全书统稿由课题一中国艺术科技研究所团队完成，张宜春负责调整和修改主要内容，欧阳平方负责执笔及统稿，黄司祺、梁天雨负责组织联络和校对。第五章第二、第三节由课题一南开大学团队完成，楚义芳负责执笔。第六章属于课题一至课题四西北大学、南开大学、中国科学院自动化研究所、西安工程大学、国家图书馆、东南大学等研究团队的成果，第一节由朱先忠、郑杰编写，第二节由张桂刚、王云编写，第三节由高全力、李伟编写，第四节由邢军编写。第七章属于课题五文化和旅游部全国公共文化发展中心和西安工程大学团队的研究成果，由朱欣娟、焦延杰、张珺编写。

在本书撰写过程中，项目的各参与单位和参与人员贡献了最新研究成果，并多次集中研讨，对书稿提出了修改意见，在此一并感谢！

CONTENTS

第一章 绪 论

第一节 研究背景

现代社会的迅速发展，促使人们的物质生活水平日渐提高，与之同时亦激增了人们对精神文化的需求，智慧化公共文化服务体系建设成为当下人们对美好生活向往的重要组成部分①。公共文化服务体系建设作为一项重要的惠民工程，近年来在党和政府的高度重视下取得了长足发展和重大突破，促使我国公共文化服务逐渐向标准化、均等化、规范化发展，公共文化服务效能不断提升。

文化与科技融合进程不断加速，为公共文化服务的供给手段、供给平台、供给内容的创新和升级创造了契机②，催生了新的公共文化服务业态——数字化公共文化服务，并成为现代公共文化服务体系的重要组成部分。2011 年 12 月，文化部和财政部联合发布的《关于进一步加强公共数字文化建设的指导意见》首次提出了"公共数字文化"的概念，指出"公共数字文化建设作为公共文化服务体系建设的重要组成部分，是数字化、信息化、网络化环境下文化建设的新平台、新阵地，是利用信息技术拓展公共文化服务能力和传播范围的重要途径。"此后，国家相继出台了有关公共数字文化资源共建共享方面的政策与法规，如《文化部"十二五"文化科技发展规划》《"公共电子阅览室建设计划"实施方案》《文化部"十二五"时期公共文化服务体系建设实施纲要》《关于加快构建现代公共文化服务体系的意见》《中华人民共和国公共文化服务保障法》

---

① 金莹.智慧化：公共文化服务的时代转型［M］.北京：中国社会科学文献出版社，2020：1.
② 徐望.公共数字文化建设要求下的智慧文化服务体系建设研究［J］.电子政务，2018（3）：54.

等。其中，2017 年 7 月发布的《文化部"十三五"时期公共数字文化建设规划》明确"公共数字文化建设是加快构建现代公共文化服务体系的重要任务"。2019 年 4 月，文化和旅游部印发的《公共数字文化工程融合创新发展实施方案》将构建互联互通的公共数字文化服务网络、打造公共数字文化资源库群、统筹推进重点公共数字文化工程建设等重点任务纳入方案之中。2021 年 3 月出台的《中华人民共和国国民经济和社会发展第十四个五年规划和 2035 年远景目标纲要》提出要"推进城乡公共文化服务体系一体建设，创新实施文化惠民工程……推动公共文化数字化建设"。2021 年以来，伴随着《国家基本公共服务标准（2021 年版）》《关于推动公共文化服务高质量发展的意见》《"十四五"文化和旅游发展规划》《"十四五"公共文化服务体系建设规划》《关于推进实施国家文化数字化战略的意见》等一系列重要政策文件的出台，"十四五"公共文化服务体系政策更加健全。

其中，文化和旅游部印发的《"十四五"公共文化服务体系建设规划》将"推动公共文化服务数字化、网络化、智能化建设"作为进一步推进公共文化服务体系建设的主要任务之一。此外，2022 年 5 月，中共中央办公厅、国务院办公厅印发的《关于推进实施国家文化数字化战略的意见》明确到"十四五"时期末，基本建成文化数字化基础设施和服务平台，形成线上线下融合互动、立体覆盖的文化服务供给体系，并将"统筹推进国家文化大数据体系、全国智慧图书馆体系和公共文化云建设，增强公共文化数字内容的供给能力，提升公共文化服务数字化水平"作为重点任务之一，这些政策制度的颁行均凸显了公共文化数字化建设的必要性和重要性。

另外，从全球范围来看，虽说国外并没有使用"公共数字文化服务"的概念，但却早在该领域开展了不同层面的实践。1992 年，联合国教科文组织即启动了"世界记忆工程"（Memory of the World）项目，旨在通过国际合作的方式抢救和保护具有全球、地区、国家意义的文化遗产，同时通过建立门户网站等服务平台，为国际公众提供英文、中文、法文、俄文等不同文种的数字化文化遗产服务[①]。而作为国际性文化遗产数字化服务项目，"世界记忆工程"项目亦为世界

---

① 周耀林，王倩倩.亚太地区世界记忆工程的现状与推进［J］.档案与建设，2012（1）：26-29.

各国起到了良好的示范效应。其中，发达国家要比发展中国家更早启动公共数字文化服务项目，如美国于 1990 年发起"美国记忆"（American Memory）计划，旨在以数字化的形式向国内外公众开放美国国会图书馆中的重要历史文化资源；此后相继启动了"国家文化遗产网络项目"（National Initiative for a Networked Cultural Heritage，NINCH，1998）、"移动图书馆"（American Mobile Library，AML，2009）、"数字公共图书馆"（Digital Public Library of American，DOLA，2010）等项目，为推动公共文化服务的均等化起到了重要的作用①。1994 年，IBM 东京研究所与日本民族学博物馆合作实施"全球数字化博物馆计划"；英国于 1999 年启动了"数字化"（Digitisation）项目，此后陆续开展了系列数字文化服务计划项目，如聚宝盆项目、"文化在线"（Culture on Line）项目、伦敦电子图书馆与艺术馆等项目②。德国于 2001 年应欧洲议会对成员国的要求，在欧洲数字图书馆（Europeana）项目框架内，实施图书馆、档案馆、博物馆数字文化资源整合和一体化的数字文化信息服务平台建设计划，最终建立"三馆"（BAM）联合门户，为公众提供数字化文化信息服务。法国国家图书馆于 1992 年起开始开展第一批图书的数字化工作，1997 年正式启动数字图书馆项目（Gallica），至 2008 年启用了 Gallica 2.0 版本③，等等。国外的这些公共数字文化服务项目，均是针对社会公众共享人类文化和信息资源的需求，充分运用现代信息技术手段，构建公共数字文化资源共建共享的重要实践。

我国的现代化公共文化服务体系建设已取得了实质性的进展。我国在"十二五"期间大力推进公共数字文化建设，统筹实施了全国文化信息资源共享工程、数字图书馆推广工程和公共电子阅览室建设计划等重点公共数字文化惠民工程，并形成了国家、省、市、县（区）、乡（镇、街道）、村（社区）六级数字文化服务网络，积累了海量的数字文化资源，实现了覆盖全国范围的中华优秀文化信息资源的共建共享，成为打通服务群众"最后一公里"的重要

① 戴艳清，孙颖博. 美国大型网络公共数字文化项目服务营销策略［J］. 图书馆论坛，2018（2）：135-141.

② 卢海燕，孙利平. 理解 IFLA 认识英国图书馆事业［J］. 中国图书馆学报，2003（2）：74-75.

③ 杨柳，郭妮. 法国国家数字图书馆建设及对我国数字图书馆发展的启示［J］. 图书情报知识，2013（2）：119-124.

法宝[①]，为我国现代公共文化服务体系的建设发挥了重要的支撑作用。

近年来，随着新一轮科技革命和产业变革深入推进，文化和旅游科技创新集成应用、跨界协同特征进一步凸显，以物联网、云计算、人工智能、大数据等为代表的新一代信息技术为文化和旅游科技创新提供了不竭动力，正在全面提升文化和旅游运行效率和消费体验，加速推动文化和旅游发展方式变革[②]。在公共文化服务领域，逐步凸显智能化的新动向，新技术为提高公共文化服务的能力和水平提供了新的技术手段，文化和科技的深度融合将有力推动我国公共文化服务瓶颈问题的解决。

但是，相对于发达国家和地区较为完善的公共数字文化资源共建共享模式，我国公共数字文化服务尚处于起步阶段。与之同时，不可回避的事实是，我国在过去的公共数字文化建设与服务发展过程中亦存在诸多矛盾和问题。例如，（1）公共数字文化资源共建共享实践的制度建设有待细化和深入，在顶层设计方面需要明晰公共数字文化资源共建共享模式的建设理念、建设要素和建设机制；（2）公共数字文化资源共建共享实践中的版权许可问题亟待解决，需构建一种公共数字文化资源版权实现的有效路径；（3）公共数字文化资源共建共享实践中的技术建设水平亟待提高，现有的公共数字文化资源呈现出多层级、多元化且不互通的弊病，需要提供更有针对性的个性化、智能化服务及服务效能评估；（4）国家公共文化服务体系示范区的建设工作须予以推进，须针对公共文化资源服务效能不高的问题，研发不同资源主体间的组织管理及交互规范，设计基于国家公共文化数字云的平台运行策略，结合多种方式验证平台功能及环节，实现整体方案的示范引领作用；（5）公共文化服务管理水平缺乏量化评价手段，需要研究基于大数据的效能评估方法来提高公共文化管理水平，等等。这些问题均需要进行深入的理论探讨和实践检验。

本书关于公共数字文化资源共建共享模式的研究，正是基于上述我国公共数字文化建设与服务发展过程中的现实问题和工作基础。本研究致力于在对

---

① 戴艳清.基于用户体验的公共数字文化服务营销研究［M］.北京：知识产权出版社，2020：1；罗云川，张桂刚.公共数字文化共享：模式、框架与技术［M］.北京：社会科学文献出版社，2018：1.

② 戴珩.全民艺术普及：文化馆的责任与使命［OL］.2015-11-09,http：//www.jsswhg.com/whzx/list-14/104.html.

国外公共数字文化资源共建共享模式进行详细分析、总结经验的基础上，对我国公共数字文化资源共建共享进程的发展现状进行分析。通过借鉴国外实践经验，并以我国现有的公共数字文化惠民工程为基础，构建适应我国人民群众个性化、多样化、高品质的文化需求的公共数字文化资源共建共享模式，提出相应的优化策略，聚焦从过去的"资源整合"向"资源融合"进阶转变，继而推动公共文化服务的数字化、网络化和智能化建设，进一步提升我国公共数字文化智慧化服务水平。

第二节　研究意义

近年来，"建立覆盖全社会的公共文化服务体系"多次出现在中共中央全会上，并被作为实现全面建成小康社会的重要目标之一。公共数字文化建设作为现代公共文化服务体系的重要组成部分，是通过现代化信息技术提高公共文化服务效能的重要途径。当前，各种不同类型的公共文化服务机构都致力于公共数字文化资源的建设，如图书馆、文化馆、博物馆、美术馆、非物质文化遗产保护机构等均将各自的文化资源转换为数字资源，为社会公众提供不同式样的数字化文化服务[①]。在信息化、数字化、智能化时代，社会公众对于数字化、智能化的文化需求亦变得越来越多元化，现有的公共数字文化服务效能有待提升。如何能够立足于社会公众的数字化文化需求，如何能够满足社会公众的数字化文化体验，如何将不同公共文化机构分散无序、相对独立的数字文化资源进行类聚、重组与融合，就需要构建一个服务效能更高、用户体验更好的公共数字文化资源共建共享模式，进一步推动公共数字文化服务体系的智慧化转型。

本书将重点围绕构建公共数字文化资源共建共享模式的必要性、可行性、运行现状、模式构建要素，以及如何构建、优化新模式等方面展开论述。首先，了解和把握当前公共数字文化服务供给模式和运行现状，进一步明确当下

---

① 唐义.我国公共数字文化资源整合模式研究［M］.武汉：武汉大学出版社，2017：7.

我国公共数字文化服务的实际困境，阐明和确定公共数字文化共建共享的必要性和目标。主要考察我国公共数字文化服务的供需现状，民众对当前公共数字文化服务的体验感与满意度，民众对公共数字文化服务的需求特点及变化趋势等，即通过比对当前我国公共数字文化服务中的供给侧和需求侧，了解当前公共数字文化资源共建共享模式中存在的问题。在此基础上，关注公共数字文化资源共建共享模式的理论基础、构建要素、建设机制、版权许可、技术建设、平台应用示范及保障体系等。本书认为，公共数字文化资源共建共享模式研究的实践价值和理论意义主要体现在以下三个方面：

一是有助于公共数字文化资源的优化配置，促进公共数字文化服务模式的升级。在全球化时代的传播技术背景下，公共文化服务的方式和手段已然发生变化，基于物理文化空间的传统服务模式已无法满足人民群众日益变化的文化需求，而基于虚拟文化空间的互联网、智能化、移动终端等新媒体服务模式已成大势所趋。当前，我国公共数字文化服务过程中的资源配置与供给方式是否符合广大人民群众的现实文化需求，依然是公共数字文化服务主体需要思考的问题，即供需脱节现象。课题组在对江苏省文化馆、安徽省马鞍山市文化馆、四川省图书馆、内蒙古巴彦淖尔市及区县旗图书馆等进行调研的过程中了解到，当地公共文化机构采取多样化的推广手段，以创新服务的方式，通过现代移动网络平台获取当地群众的图书需求后有针对性地进行采购，对用户需求强烈的服务资源加大供给力度，使民众所用即所需，最大限度地提高公共文化资源的配置效率。

二是有助于优化公共数字文化服务的用户体验，增强民众的文化认同感。良好的公共数字文化服务需要构筑在社会群众的文化需求之上，而在了解群众文化需求的过程中，公共数字文化服务主体将更多地关注数字文化资源和服务方式可以产生的效用上，即群众的数字文化体验。课题组在调研安徽省马鞍山市文化馆的过程中了解到，当地文化机构通过"马鞍山市文化馆全景在线体验"数字平台，为市民提供了"足不出户"即能享受多样化文化服务的可能，该平台设有"文化广场、数字文化体验馆、民俗非遗展厅、新非遗展示馆、艺术展厅、公共阅览室、排练培训区、市民休息区"，每个场馆均配有当地民众喜闻乐见的特色音视频，个别场馆还建有虚拟文化场景，有效提升了个性化的服务能力，优化与增强了当地群众的数字文化体验以及对地方文化的认同感。

三是有助于加快现代公共文化服务体系的构建。公共数字文化服务建设是现代公共文化服务体系的重要组成部分，本研究立足于公共数字文化资源的共建共享，在研究过程中始终坚持"以人为中心"，以群众多样化的文化需求为主导，充分尊重群众的主体地位，着力提高群众在供给侧的参与度和创造力，整合社会文化资源，提高公共数字文化资源的配置效率，试图构建一个开放、多元、智慧化的公共数字文化资源共建共享模式。

第二章　公共数字文化资源共建共享理论研究

第一节　公共数字文化资源建设的基本概念

一、相关概念

（一）公共数字文化

"公共数字文化"，顾名思义，"公共性"（或"公益性"）和"数字性"是其根本属性。在国内，"公共数字文化"的概念在不同时期存在不同的表述，如"公共数字信息资源""公益性数字文化"等。其中，"公共数字信息资源"的概念强调数字文化作为社会信息资源的公共性和可利用性[①]。而"公益性数字文化"概念出现的标志性事件为 2011 年 4 月 18 日公益性数字文化建设专家座谈会的召开，会上提出"加强公益性数字文化建设，是适应信息化、数字化、网络化发展需求，推动文化创新的重大举措"[②]。对此，有学者提出"公益性数字文化"是公共数字文化概念中最具代表性的研究，其"为公共数字文化的内涵作出了更为具体的解释，细化与具化了公共数字文化公众性、平等性、非营利性的内在特征，阐述了公益性作为公共数字文化的根本属性"[③]。2011 年 11 月

---

① 裴雷，马费成.公共数字信息资源的建设与开发利用对策［J］.中国图书馆学报，2007（6）：69-73.

② 马子雷.公益性数字文化建设"顶层设计"提上日程［N］.中国文化报，2011-04-20.

③ 王淼，孙红蕾，郑建明.公共数字文化：概念解析与研究进展［J］.现代情报，2017（7）：173.

15 日，文化部、财政部联合发布《关于进一步加强公共数字文化建设的指导意见》，其以"公共数字文化"正式统一了对数字化公共文化的称谓。

作为公共文化服务体系建设的重要组成部分，"公共数字文化"是在数字环境下产生的文化类型，是"公共文化"和"数字文化"的综合体，它以国家财政投入为主，以满足民众基本数字文化需求为目标，并以一种超越时空的手段（如资源数字化、传播网络化、技术智能化、服务泛在化等）来提高公共文化服务的普及性和均等化[①]。

具体而言，"公共数字文化"的概念内涵与外延主要涉及以下三个维度：

一是将"公共数字文化"表述为政府在行政过程中面向社会提供的可被利用与消费的信息，主要包括科研教育领域提供的学术数字信息、历史文化领域的数字文化遗产、面向大众公开的各类电子政务信息以及可供大众消费的数字内容公共产品[②]。

二是将"公共数字文化"表述为存在于公共文化服务机构的数字文化资源。通过互联网的形式服务社会群众、传递价值的过程即为公共数字文化服务的过程，其中不同公共文化机构的数字文化资源构成了公共数字文化的内容主体。

三是将"公共数字文化"表述为公共文化和数字文化的综合体，是指公共文化机构提供的满足社会群众基本数字文化需求的公共数字文化资源、技术、载体以及设施的总和[③]。

（二）公共数字文化服务

"公共数字文化服务"是公共文化服务的重要组成部分，是"公共文化服务"和"数字文化"相互融合的产物[④]。"公共数字文化服务"的概念形成于我国编制"十二五"规划的过程中，是指由政府主导、社会力量参与、以满足社会公众基本数字文化需求为主要目的，以数字化资源为依托，以网络化传播为

---

① 戴艳清.基于用户体验的公共数字文化服务营销研究［M］.北京：知识产权出版社，2020：2；王森，孙红蕾，郑建明.公共数字文化：概念解析与研究进展［J］.现代情报，2017（7）：173.

② 裴雷，马费成.公共数字信息资源的建设与开发利用对策［J］.中国图书馆学报，2007（6）：69-73.

③ 王森，孙红蕾，郑建明.公共数字文化：概念解析与研究进展［J］.现代情报，2017（7）：173.

④ 肖希明.”国外公共数字文化服务资源整合研究”专题引言［J］.图书与情报，2015（1）：1.

载体而提供的公共数字文化设施、文化产品、文化活动以及其他相关服务。具体包括广播电视、电影、互联网、图书馆、文化馆、档案馆、博物馆、非物质文化遗产保护中心等诸多文化领域[①]。与之相关的"公共数字文化服务体系"包括公共数字文化基础设施、公共数字文化服务模式、公共数字文化活动过程，以及相关政策法规、资源配置、经费保障等内容[②]。

（三）公共数字文化资源

从语义学的角度分析，"公共数字文化资源"的概念包含了"公共文化产品"和"数字资源"两层语义，即：

"公共文化产品"具有"公共产品"和"文化产品"的双重属性，一方面它具有公共产品的"非竞争性"和"非排他性"，另一方面又表现出文化产品的基本特征，即具有提升社会公众的精神生活、文化积累和文明传承等功能[③]。此外，公共文化产品根据公益性水平不同和是否具有排他性或竞争性的特点还可细分为三大类，即纯粹公益性的公共文化产品、具有有限竞争性的准公共文化产品、具有有限排他性的准公共文化产品[④]。

当前，在我国公共文化服务建设与发展过程中，大多数公共文化产品是诸如文化馆、图书馆、博物馆、档案馆、美术馆、非遗保护中心等公共文化机构提供的准公共文化产品[⑤]，而事实上国家公共文化服务的供给不仅是由政府机构提供的，还包括诸多非营利性社会组织、社会个体等社会力量在合理机制范围内提供的文化产品。

关于"数字资源"，与之相似的概念诸如电子信息资源、虚拟资源、网络信息资源、数字信息资源等。这些概念表述均表明其与传统物理空间的实体文化资源最大的不同在于"存储介质"，即数字资源是指能够通过计算机操作编码而成的一种作品形态，其存在于一个可以直接或远程获取的载体上[⑥]。在现实

---

① 李鑫炜.我国公共数字文化服务体系政策文本分析［D］.河北大学硕士学位论文，2018：9.

② 王淼，孙红蕾，郑建明.公共数字文化：概念解析与研究进展［J］.现代情报，2017（7）：174.

③ 唐义.我国公共数字文化资源整合模式研究［M］.武汉：武汉大学出版社，2017：33-34.

④ 李景源，陈威.中国公共文化服务发展报告2007［M］.北京：社会科学文献出版社，2007：142.

⑤ 崔建民.试论我国文化事业单位改革的途径［J］.中国社会科学院研究生院学报，2008（3）：11-15.

⑥ 唐义.我国公共数字文化资源整合模式研究［M］.武汉：武汉大学出版社，2017：34.

生活中，数字资源包含的门类复杂、内容繁多，根据其产生方式可分为"数字化资源"和"原生数字资源"，前者是指通过相关设备将有物理空间形态的实物进行数字化而产生的虚拟信息资源，而后者是指其产生之处即能被计算机操作的资源①。

本书认为"公共数字文化资源"是为满足社会公众基本的数字文化需求，由图书馆、文化馆、博物馆、美术馆、非遗保护中心等公共文化机构以及非营利性社会组织和社会个体，通过不同方式转化或获取并通过网络为传播载体，无偿提供给全体社会公众的数字文化资源。

"公共数字文化资源"合理存在的前提则须具备以下特征：一是必须为公共文化产品，以提升人民群众的精神生活为目的，以社会效益最大化为取向，由政府或非营利性社会组织、社会个体提供或购买的文化产品，人民群众可无偿享有（或花少量的钱即可享有）。二是必须为数字化的文化产品，即通过数字化的手段生产、采集、处理、存储，以网络为传播载体，社会公民可通过各种数字设备进行线下和线上获取和享用的文化产品②。

（四）公共数字文化资源共建共享

"公共数字文化资源共建共享"的概念涵盖三个层面：一是公共数字文化资源层面的共建，此为基础；二是公共数字文化服务平台层面的共建，此为关键；三是公共数字文化服务机制层面的共享，此为目标。

公共数字文化资源层面的共建是建立在现有的各类公共文化机构（如图书馆、档案馆、博物馆、文化馆、美术馆、非物质文化遗产管理机构等）的数字资源基础上的融合，目的是解决数据分散分布，存储地点、存储格式、数据特征不同以及无法实现集中存取等问题，以避免资源重复建设，实现整体统筹和协调，此为公共数字文化资源共建共享的基础③。而加快构建相应的标准规范体系和增加基于用户需求的创新型数字文化资源是其重要举措。

公共数字文化服务平台层面的共建，旨在融合线下和线上公共文化服务而

---

① 毕强，等.数字资源建设与管理［M］.北京：科学出版社，2011：6-7.
② 唐义.我国公共数字文化资源整合模式研究［M］.武汉：武汉大学出版社，2017：36.
③ 吴丹，樊舒.面向多源异构资源融合的公共文化数字化建设路径［J］.西安交通大学学报（社会科学版），2021（5）：138.

共建"一站式"移动互联的综合服务平台,目的是实现社会公众能够便捷获取公共数字文化资源[①]。其中,打造实现移动互联、个性化、精准化的智慧化综合服务平台是关键。

公共数字文化服务机制层面的共享,其内核是以人为中心,通过对多源、异构、海量资源进行语义层面的内容聚合和知识挖掘,实现更深层次的融合利用,最终目标是为人民群众提供优质、多样、便捷的公共文化服务。其中,重点应通过扩大资源建设主体范围、打通多元资源传输渠道、重视社会群众文化需求跟踪和反馈等[②],建立公共数字文化服务的多元合作供给机制,以最大化提升公共文化服务效能。

二、资源类型与范围

所谓"文化资源",是指一切留有人类印记、反映不同地区或民族的生活面貌和价值倾向且可运用于文化产业的那些物质对象或精神对象。因此,文化资源是异常丰富的,除了原生的自然现象,凡是承载了人类实践过程的资源均具备"文化"的属性而可成为"文化资源",与之相关的分类则层出不穷,如博物资源、文化活动资源、非物质文化遗产资源、图书资源、美术资源、音乐资源等。

事实上,分类是为了系统、深入地认识事物,也是为了在对比中把握事物的本质和发展规律。然而,但凡是分类,必然是服务于特定的目的。公共数字文化资源共建共享与管理平台的建设,首先要构筑一个丰富多样、庞大的文化资源库群。这些文化资源最终要服务的,是全国广大的公共文化需求用户,这些用户,除了个人用户之外,还有大量的学术机构、文化产业机构。"公共数字文化资源"是公共数字文化资源共建共享模式的核心要素,是满足社会公众数字文化需求的虚拟承担载体。

从文献类型来看,包括图书、期刊、报纸、文物、手稿、档案、美术作品、非物质文化遗产资源等。从媒体形式来看,主要包括文本文件、静态图像

---

① 韦楠华,吴高.公共数字文化资源共建共享现状、障碍及对策研究 [J].图书馆建设,2018(9):18.

② 吴丹,樊舒.面向多源异构资源融合的公共文化数字化建设路径 [J].西安交通大学学报(社会科学版),2021(5):141.

文件、音频文件、视频文件等[①]。

当然，根据公共数字文化资源共建共享模式的目标，不可能也不需要将所有类型的数字文化资源予以融合共建，而是将那些能够满足社会公众的现实需要以及能够宣扬中华优秀文化和高质量的现代文化资源进行整合、共建与共享。

相关公共数字文化资源类型和内容形式如表 2-1 所示。

表 2-1　我国公共数字文化资源类型和内容形式[②]

资源类型	内容形式
文化信息	各类关于文化的新闻资讯、发展动态、背景资料等内容。
电子书刊	传统的书、刊、报转换为数字形式的资源。
文化讲座	以数字形式记录和传播的文化类讲座、课程，有关国学、历史、文艺鉴赏的讲座等。
文艺表演	以数字形式记录和传播的专业文艺团体的表演以及群众民间团体的文艺表演。
文艺鉴赏	介绍、展示、赏析文学、绘画、音乐、艺术收藏品等文化艺术作品的数字资源。
文化遗产	介绍、展示物质文化遗产和非物质文化遗产的数字资源。
民风民俗	介绍、展示某一地区或某一民族风俗、习惯、文化特色等方面的数字资源。
技能培训	包括知识、文化艺术、职业技能等方面的培训资源，如艺术考级辅导和模拟试题资源等。
素质教育	提升文化修养、职业素养以及重点面向青少年的励志、德育教育、安全教育等数字资源。
娱乐健身	群众日常生活中文化娱乐、健身养生方面的数字资源，如流行歌曲、广场舞、太极拳等。
影视作品	拍摄完成并已公开放映的电影、电视剧等。
网络作品	以网络作为媒介传播的小说、音乐、微视频等。

在上文涉及的公共数字文化资源类型中，若按数据结构来划分，可分为"结构化数据""非结构化数据"和"半结构化数据"[③]。其中，"结构化数据"能够用数据或统一的结构来表述，因此相对简单，易于使用，便于存储。"非结

[①]　唐义.我国公共数字文化资源整合模式研究［M］.武汉：武汉大学出版社，2017：197.

[②]　罗云川，张桂刚.公共数字文化共享：模式、框架与技术［M］.北京：社会科学文献出版社，2018：7-8.

[③]　罗云川，张桂刚.公共数字文化共享：模式、框架与技术［M］.北京：社会科学文献出版社，2018：8-9.

构化数据"是指无法使用二维表格方式来表现的数据，如视频、音频、图片等，其应用范围相对更广，如教育视频点播、电影电视、媒体资源管理等，但存储量较大。而"半结构化数据"是指一种数据结构不完整的数据，如 HTML 文档，但其灵活性较高，通常可进行自描述。

三、基本内涵

公共数字文化资源共建共享模式的构建，需要明晰其内涵与特征。从语义层面而言，其核心要义主要是指前文已述及的"公共数字文化""公共数字文化资源""公共数字文化资源共建共享"。

所谓"公共数字文化资源共建共享模式"，是指以"公共数字文化资源共建共享实践"这种社会存在为研究对象，并对这种社会存在的体系化概述。它涉及公共数字文化资源共建共享的构建理念、构建要素、构建方式、决策机制等体系，存在于智慧化供给理论与共建共享实践之间，它是动态发展的，且具有可操作性和借鉴性。

综合"公共数字文化""公共数字文化资源""公共数字文化资源共建共享"和"公共数字文化资源共建共享模式"等概念的内涵和外延，本书将"公共数字文化资源共建共享模式"界定为：在智慧化供给理念和特定需求的指导下，依托互联网技术条件优势，为实现公共数字文化资源共建共享目标，在公共数字文化服务的供给侧和需求侧之间形成的共建共享要素的标准样式和运行机制。其核心是精准识别、科学决策、合理配置和多元协作，而最终目标是为广大社会公众提供精准化、高效化和均等化的公共数字文化服务。

第二节　数字文化资源共建共享的驱动背景

构建公共数字文化资源共建共享模式并非为突发奇想，它离不开不同层面诸多因素的推动，社会公众对公共数字文化服务升级转型的需求，国家对现代公共文化服务体系建设的要求，各种公共文化机构与社会力量协同参与的诉求，意味着构建公共数字文化资源共建共享模式提升公共文化服务效能，既是现实需要也是时代趋势，而新媒体环境与云计算、大数据、人工智能、虚拟现实等新技术的应用更是为模式的构建奠定了坚实的基础。

一、用户需求：社会公众对公共数字文化服务升级转型的需求

在人类生产力不断提高、物质财富不断增加、物质生活需求得到进一步满足的背景下，读书看报、观看电视电影、欣赏文物和艺术品、参与文化活动等精神生活需求日渐凸显[①]，社会公众对美好生活的追求与向往是社会发展与进步的现实反映。时下，数字化、信息化、智能化、网络化技术和各种文化共享工程的创新与实施，为文化资源的传播和社会公众对公共数字文化服务的获取提供了便利条件。可以说，人民群众对虚拟文化空间的获得感，成为新时代人民群众美好生活的一大重要特征[②]；同时，用户对公共数字文化服务的需求亦日渐增长、升级和转变，并呈现出鲜明的时代特征[③]。

其一，"一站式"获取。数字信息环境下，传统式单个文化机构提供的数字文化服务已无法满足社会公众便捷获取文化信息的需要。民众迫切期望将不同公共文化机构和部分非营利性社会组织或个体所提供的文化资源予以共建融合，通过统一的门户网站"一站式"提供所需要的数字文化资源。

其二，多元化与个性化。新时代背景下，用户对文化资源信息的获取意愿普遍增强，使得公共数字文化服务的用户群体规模随之扩大且日趋多样。其中，不同性别、年龄、区域、受教育程度的用户对公共数字文化服务需求呈现出多元化的特征。在用户数字文化需求呈多元化趋势的同时，其对公共数字文化的服务内容与方式也提出了更高的要求，并催生了个性化的服务要求。

其三，交互性与具身性。在新媒体环境和移动智能终端广泛普及的当下，用户对公共数字文化服务的需求呈现出交互性和具身性的特征。传统的通过平台网站浏览获取文化信息的方式已不能完全满足广大民众，他们更倾向于通过移动智能终端随时随地参与公共数字文化服务场景，与不同用户进行交流、互动、合作与共享，通过与服务提供者的互动，时时表达自己的文化需求。此

---

①　肖希明，唐义.公共数字文化资源整合动力机制研究［J］.图书馆建设，2014（7）：1-5.

②　陈波."文化空间获得感"及其发展向度［J］.人民论坛，2020（17）：132-133.

③　戴艳清.基于用户体验的公共数字文化服务营销研究［M］.北京：知识产权出版社，2020：53-54.

外，用户亦渴望在公共数字文化服务过程中能够享受舒适的虚拟文化空间和实体空间环境，在特定的数字文化场景中进行具身体验。

其四，优质量与高标准。用户获取公共数字文化服务的积极性日益高涨的同时，也对公共数字文化服务的质量提出了更高要求。在资源建设方面，用户希望获取能够满足自身文化需求的数字资源；在资源获取方面，用户希望通过线上线下结合且迅速便捷的渠道进行获取；在服务环境方面，用户希望能够获得舒适的查询界面和快速的资源传输率；在服务态度方面，用户希望服务提供者能够具备相应的知识结构和积极友好的服务态度。

但不容回避的是，现阶段我国公共数字文化资源共建共享实践在数字资源建设[①]、服务平台建设[②]、服务方式创新[③]等方面尚无法满足用户上述实际需求。可以说，社会公众对公共数字文化服务需求的升级与转型，催生了公共数字文化资源共建共享模式构建的需要。

二、制度驱动：国家对公共数字文化资源共建共享的政策支持

从近年来国家颁布的相关文化政策可知，现代公共文化服务体系建设已成为当前国家文化发展的重要战略。如 2013 年 11 月，党的十八届三中全会提出了构建"现代公共文化服务体系"的要求；2015 年 10 月，党的十八届五中全会更是将"2020 年现代公共文化服务体系基本建成"的目标纳入"十三五"规划；2022 年 5 月，中共中央办公厅、国务院办公厅印发的《关于推进实施国家文化数字化战略的意见》明确，到"十四五"时期末，基本建成文化数字化基础设施和服务平台，形成线上线下融合互动、立体覆盖的文化服务供给体系，到 2035 年，建成物理分布、逻辑关联、快速链接、高效搜索、全面共享、重点集成的国家文化大数据体系，中华文化全景呈现，中华文化数字化成果全民共享。同时，党和政府也充分认识到，现代公共文化服务体系建设自然离不开对公共文化服务的数字化、智能化、网络化建设，从中央到地方，从正式政策

---

① 汝萌，李岱 . 我国公共数字文化服务使用情况调查研究［J］. 图书馆建设，2017（2）：84-89.

② 华方园，陈思任，余安琪 . 国内公共数字文化服务平台建设现状调查分析［J］. 图书馆研究，2018（1）：37-45.

③ 韦景竹，等 . 公共数字文化服务需求调查［J］. 图书馆论坛，2015（11）：41-46.

文件到领导人讲话，我国陆续出台了系列关于公共文化服务数字化建设的政策（见表2-2），以助力实现构建现代公共文化服务体系的战略目标[①]。

表2-2 关于公共文化数字化建设相关的制度政策梳理

文件名称	发布时间	制度要点
《"十四五"文化发展规划》	2022年8月	推进城乡公共文化服务体系一体建设，推动公共文化数字化建设，创新实施文化惠民工程；打通各层级公共文化数字平台，打造公共文化数字资源库群，建设国家文化大数据体系；积极发展云展览、云阅读、云视听、云体验，促进供需在"云端""指尖"对接。
《国务院关于加强数字政府建设的指导意见》	2022年6月	持续优化全国一体化政务服务平台功能，全面提升公共服务数字化、智能化水平；打造泛在可及的服务体系；拓展公平普惠的民生服务，推进基本公共服务数字化应用，积极打造多元参与、功能完备的数字化生活网络，提升普惠性、基础性、兜底性服务能力。
《关于推进实施国家文化数字化战略的意见》	2022年5月	夯实文化数字化基础设施，鼓励多元主体共建文化数据服务平台，发展数字化文化消费新场景，大力发展数字化文化新体验，统筹推进国家文化大数据体系、全国智慧图书馆体系和公共文化云建设，增强公共文化数字内容的供给能力，提升公共文化服务数字化水平。
《"十四五"公共文化服务体系建设规划》	2021年6月	推动公共文化服务数字化、网络化、智能化建设。加强数字文化内容资源和管理服务大数据资源建设；加快公共文化网络平台建设；拓展公共文化服务智慧应用场景。
《"十四五"文化和旅游发展规划》	2021年6月	加快公共数字文化建设。推广"互联网+公共文化"，推动数字文化工程转型升级、资源整合，统筹推进智慧图书馆、公共文化云服务体系建设。
《中华人民共和国国民经济和社会发展第十四个五年规划和2035年远景目标纲要》	2021年3月	优化城乡文化资源配置，推进城乡公共文化服务体系一体建设。创新实施文化惠民工程，推进公共文化场馆免费开放和数字化发展。推进媒体深度融合，做强新型主流媒体。
《关于推动公共文化服务高质量发展的意见》	2021年3月	加强智慧图书馆体系建设，提升数字文化馆网络化、智能化服务水平；完善国家公共文化云等平台的大数据管理和服务功能；整合利用全国群众文化活动资源，打造分级分布式数字文化资源库群；鼓励与企业合作，探索有声图书馆、文化馆互动体验等新型文化服务方式。

---

① 金莹.智慧化：公共文化服务的时代转型［M］.北京：中国社会科学文献出版社，2020：116-117.

续表

文件名称	发布时间	制度要点
《公共数字文化工程融合创新发展实施方案》	2019 年 4 月	提出公共数字文化资源整合的指导思想、基本原则、目标任务、重点任务、重点工作及时间安排、保障措施等内容。
《中华人民共和国公共图书馆法》	2017 年 11 月	国家鼓励和支持发挥科技在公共图书馆建设、管理和服务中的作用，推动运用现代信息技术和传播技术，提高公共图书馆的服务效能。政府设立的公共图书馆应当加强数字资源建设、配备相应的设施设备，建立线上线下相结合的文献信息共享平台，为社会公众提供优质服务。
《"十三五"时期全国公共图书馆事业发展规划》	2017 年 7 月	建设优质数字文化资源库群，促进对数字资源的整合与共享。
《文化部"十三五"时期公共数字文化建设规划》	2017 年 7 月	构建互联互通的公共数字文化服务网络；打造公共数字文化资源库群；加强资源保障；创新服务方式，提升服务效能；统筹推进重点公共数字文化工程建设；鼓励和支持社会力量参与公共数字文化建设；加强公共数字文化建设管理。
《国家"十三五"时期文化发展改革规划纲要》	2017 年 5 月	加快构建现代公共文化服务体系，创新公共文化服务运行机制，建立"按需制单、百姓点单"模式，推进数字图书馆、文化馆、博物馆等建设。
《文化部"十三五"时期文化科技创新规划》	2017 年 4 月	依托数字文化资源元数据仓储建设，汇集数据并进行组织与关联。研究用户数据采集标准，促进全国图书馆、博物馆、文化馆、美术馆采集与共享用户数据。与社会力量共同开发利用文化资源数据，选择优质社会数据与文化资源数据融合。
《文化部关于推动数字文化产业创新发展的指导意见》	2017 年 4 月	依托文化文物单位馆藏文化资源开发数字文化产品，提高博物馆、图书馆、美术馆、文化馆等文化场馆的数字化智能化水平，创新交互体验应用，带动公共文化资源和数字技术融合发展。
《"十三五"推进基本公共服务均等化规划》	2017 年 1 月	以县级文化馆、图书馆为中心推进总分馆制，实现农村、城市社区公共文化服务资源整合和互联互通。
《中华人民共和国公共文化服务保障法》	2016 年 12 月	国家统筹规划公共数字文化建设，构建标准统一、互联互通的公共数字文化服务网络，建设公共文化信息资源库，实现基层网络服务共建共享；国家支持开发数字文化产品，推动利用宽带互联网、移动互联网、广播电视网和卫星网络提供公共文化服务；地方各级人民政府应当加强基层公共文化设施的数字化和网络建设，提高数字化和网络服务能力。

续表

文件名称	发布时间	制度要点
《关于进一步做好为农民工文化服务工作的意见》	2016 年 3 月	加强统筹协调，有效整合各级各类为农民工文化服务的资源。
《中华人民共和国国民经济和社会发展第十三个五年规划纲要》	2016 年 3 月	加快公共数字文化建设。加强文化产品、惠民服务与群众文化需求对接。
《促进大数据发展行动纲要》	2015 年 8 月	系统部署大数据发展工作，要求加强顶层设计和统筹协调，大力推动政府信息和公共数据互联开放共享，加快政府信息平台整合，推进数据资源向社会开放；加强数字图书馆、档案馆、博物馆、美术馆和文化馆等公益设施建设，构建文化传播大数据综合服务平台，传播中国文化，为社会提供文化服务。
《国务院关于积极推进"互联网＋"行动的指导意见》	2015 年 7 月	指出"互联网＋"成为我国经济社会创新发展的重要驱动力量，互联网成为提供公共服务的重要手段。
《关于做好政府向社会力量购买公共文化服务工作的意见》	2015 年 3 月	立足群众需求，创新购买方式。以满足人民群众基本公共文化需求为目标，突出公共性和公益性，不断创新政府向社会力量购买公共文化服务模式，建立"自下而上、以需定供"的互动式、菜单式服务方式，推动公共文化服务供给与人民群众文化需求有效对接。
《关于加快构建现代公共文化服务体系的意见》	2015 年 1 月	提升公共文化服务效能。丰富优秀公共文化产品供给。提高资源供给能力，科学规划公共数字文化资源建设，建设分布式资源库群，鼓励各地整合中华优秀文化资源，开发特色数字文化产品。
《中共中央关于全面深化改革若干重大问题的决定》	2013 年 11 月	建立公共文化服务体系建设协调机制，统筹服务设施网络建设，促进基本公共文化服务标准化、均等化。建立群众评价和反馈机制，推动文化惠民项目和群众文化需求的有效对接。
《文化部信息化发展纲要（2013—2020 年）》	2013 年 9 月	开展文化资源元数据、信息目录体系和数据交换体系等各项技术标准研究，统一标准、加强协作，做好全国文化数据资源数据有效整合、统一管理的基础性工作。
《全国公共图书馆事业发展"十二五"规划》	2013 年 1 月	加大整合力度，建设公共文化数字资源基础库群；建立跨区域共建共享平台与集成系统，整合文献资源，实现合理配置。

续表

文件名称	发布时间	制度要点
《文化部"十二五"时期公共文化服务体系建设实施纲要》	2013 年 1 月	推动基层公共数字文化资源整合，促进有效利用。
《全国文化信息资源共享工程"十二五"规划纲要》	2013 年 1 月	完善覆盖城乡的六级服务网络；推进文化共享工程进入居民家庭；实施"公共电子阅览室建设计划"；加强数字资源建设的统筹规划和管理；打造先进实用的技术支撑平台；促进基层惠民服务品牌化、专业化。
《文化部"十二五"文化科技发展规划》	2012 年 9 月	加快资源数据标准化研发进程，促进公共数字文化资源整合与共享。
《文化部"十二五"时期文化改革发展规划》	2012 年 5 月	加强文化信息资源整合力度，建立数字文化资源库群，以技术手段整合国家数字图书馆与各级公共图书馆数字资源。
《"公共电子阅览室建设计划"实施方案》	2012 年 2 月	依托文化共享工程和国家数字图书馆资源，加强部门间整合共建力度，建设公共数字文化资源库群，避免重复建设。
《关于进一步加强公共数字文化建设的指导意见》	2011 年 12 月	坚持需求主导、服务为先的原则，了解群众对公共数字文化的需求，建设丰富适用的数字资源，加强公共数字文化的惠民服务。加强统筹、协调发展，提升三大公共数字文化惠民工程的整体效能。
《中共中央关于深化文化体制改革 推动社会主义文化大发展大繁荣若干重大问题的决定》	2011 年 10 月	整合有线电视网络，组建国家级广播电视网络公司。推进电信网、广电网、互联网三网融合，发挥各类信息网络设施的文化传播作用，实现互联互通、有序进行。
《2006—2020 年国家信息化发展战略》	2006 年 11 月	加快文化信息资源整合，加强公益性文化信息基础设施建设，完善公共文化信息服务体系，将文化产品送到千家万户，丰富基层群众文化生活。

通过对相关公共文化服务制度政策的梳理，发现有关公共数字文化服务的内容主要聚焦于以下方面：一是公共文化服务设施网络和数字资源互联互通；二是公共数字文化服务与人民群众文化需求的有效对接；三是基层公共文化设施的数字化和网络化建设；四是鼓励社会力量的参与。换言之，国家关于公共文化数字化建设的制度政策支持公共数字文化服务效能的提升，这为公共数字文化资源共建共享模式的构建指明了方向，奠定了基础。

三、技术驱动：新媒体环境和现代信息技术的全息应用

当前，正处在一个万物互联的数字化信息时代，在新媒体环境和现代信息技术的支撑下，公共数字文化服务的实践创新得以实现。社会公众可随时随地利用网络获取各自所需的文化资源，公共文化服务供给侧亦可利用新媒体环境和新技术来提供和优化文化服务产品，进而有效促进供需对接，以提升公共文化服务效能。

随着互联网技术的发展和移动智能终端的普及，微信、微博等新媒体环境在公共数字文化服务领域得以广泛应用。新媒体的应用使得公共数字文化资源的传播途径更为便捷、多元，公众通过新媒体可随时随地对其进行获取，同时也可有效提升用户的文化体验。此外，公共文化服务提供者可利用新媒体用于宣传、推广和展示公共数字文化资源，还可开展新媒体服务活动，使得公共文化服务方式更加多元化和个性化。另外，新媒体的应用有效搭建了供给侧和需求侧之间的沟通、互动和交流，有助于供给侧能够迅速而准确地捕捉到需求侧的信息，以便按需提供文化服务①。

现代信息技术的快速发展（如云计算、大数据、虚拟现实等技术的应用）为公共数字文化资源共建共享模式的构建提供了技术支撑。云计算具有超大规模、通用性、按需服务等特征，可将分散在不同物理空间的公共数字文化资源有效集中融合，解决区域间、区域内以及城乡失衡和公共数字文化资源跨区域跨部门的共建共享问题，并在服务理念、服务模式、服务内容、服务方式及服务手段等方面进行全方位的创新②。如文化和旅游部全国公共文化发展中心现已建成了"国家公共文化云"，有不少地方建成了公共数字文化云平台，如"上海文化云"等，并部分实现地方公共文化机构服务平台与"国家公共文化云"的平台对接。此外，大数据技术能够动态采集、存储和关联分析数量巨大、来源分散、格式多样的数据，并从中发现新知识、创造新价值、提升新能力，进而有助于洞察公众的数字文化需求，以实现精准服务③。另外，虚拟现实技术可

---

① 戴艳清.基于用户体验的公共数字文化服务营销研究［M］.北京：知识产权出版社，2020：58-59.
② 李文川，陈承，胡雅文.公共数字文化云资源服务创新研究［J］.图书馆，2017（2）：18-23.
③ 刘炜，张奇，张喆昱.大数据创新公共文化服务研究［J］.图书馆建设，2016（3）：8.

有效提升社会公众的数字文化体验，增强用户对公共数字文化服务的满意度。

因此，对于需要与时俱进，并不断适应公众需求的公共数字文化资源共建共享模式而言，新媒体环境和现代信息技术的全息性应用所能带来的变化乃至变革是值得期待的。

四、主体驱动：公共数字文化服务供给主体协同参与的诉求

在公共数字文化服务体系诸多构成要素中，服务供给主体对公共数字文化资源共建共享模式的构建具有举足轻重的作用，因为公共数字文化资源与服务的生产与提供均由供给主体负责，它关乎着社会公众的数字文化体验效果。在当前我国公共数字文化服务实践中，公共文化机构是最重要的供给主体，从过去的单一文化机构提供服务转变到多个文化机构之间协同合作的形式，如文化共享工程、数字图书馆推广工程等，实现了不同公共文化机构数字文化资源的共建与共享，有效地提高了公共数字文化服务效能。

此外，国家已出台了鼓励社会力量参与公共文化服务的相关政策，如2015年1月发布的《关于加快构建现代公共文化服务体系的意见》中提出"吸引社会资本投入公共文化领域，建立健全政府向社会力量购买公共文化服务机制"，同年5月发布的《关于做好政府向社会力量购买公共文化服务工作的意见》中明确了购买服务的范围，鼓励采用向社会购买、租赁、委托、特许经营、管理、捐助等多种方式吸纳社会参与，即改变了过去由政府作为公共文化服务唯一供给主体的局面，供给主体不再限于图文博美等公共文化机构，形成了政府、市场、社团组织和个体均可参与的多元主体供给机制[1]。

当前，我国在公共数字文化资源共建共享实践中已开始探索与社会力量的合作机制，如国家数字文化网、数字图书馆推广工程在资源数字化加工外包、网站系统建设、服务推广宣传等业务上与社会力量开展合作[2]。社会力量在公共数字文化服务中的协同参与，能够有效整合与共建数字文化资源以充实公共数字文化服务的供给内容，同时还可推动健全公共数字文化服务共享的创新机

---

① 完颜邓邓.公共数字文化服务中的社会合作研究［J］.图书与情报，2016（3）：55-60.

② 肖希明，完颜邓邓.治理理论与公共数字文化服务的社会参与［J］.图书馆论坛，2016（7）：18-23.

制，进而促进公共数字文化服务效能的提升。

第三节　公共数字文化资源建设的基本特征

公共数字文化资源共建共享模式依托于现代互联网技术，在公共数字文化服务供给侧和需求侧之间建立对接机制，通过多元主体协同参与的方式满足民众的基本数字文化需求，它具有精准识别需求、科学供给决策、合理配置资源、多元主体协作的基本特征。

一、精准识别需求

公共数字文化服务效能的提升，必须构筑在精准识别民众数字文化需求的基础上。在信息技术时代构建的公共数字文化资源共建共享模式，可凭借移动互联网、大数据、云计算等新技术识别民众对公共数字文化服务的不同需求，并对其进行智能化反馈，继而达到按需供给。而对民众的数字文化需求的识别，可从需求内容、需求群体和供给方式三个维度展开[①]。需求内容的识别，有助于服务供给主体为提供个性化和精准化的服务奠定基础，同时有助于分析不同类型群体需求的差异性，以及不同内容、群体偏好的服务供给方式等。

二、科学供给决策

科学、有效的供给决策机制，有助于实现公共数字文化服务效能的最大化。传统的公共数字文化服务供给决策主要以自上而下的方式进行，以政府为主导，缺乏多元互动的科学性[②]。而公共数字文化资源共建共享模式可通过大数据的分析转化帮助决策者获得准确的判断依据，它以共建共享服务的战略目标为导向，在此基础上拟订共建共享服务的实践方案和执行方案，在共建共享实践过程中，可随时通过信息技术根据民众对数字文化资源需求数据的变化进行调试，最后由政府、专家、第三方机构、民众作为主体对公共数字文化资源共

---

① 金莹.智慧化：公共文化服务的时代转型［M］.北京：中国社会科学出版社，2020：126-127.
② 金莹.智慧化：公共文化服务的时代转型［M］.北京：中国社会科学出版社，2020：127.

建共享实践进行评估，以循环动态的方式促进服务效能的实现与提升。

三、合理配置资源

在公共数字文化资源共建共享模式中，资源的合理配置依赖于精准识别需求和科学供给决策。通过数字信息技术可精准识别民众对公共数字文化服务的各种需求和掌握不同区域的资源信息，并将这些要素信息进行数据化分析，继而对不同数字文化资源进行融合与共建，以提供科学有效的资源配置方案，促进和提升公共数字文化资源的开放共享和服务效能。

四、多元主体协作

公共数字文化资源共建共享模式涉及的主体包括三大类，即服务供给主体、服务受众主体和服务评估主体，三类主体在共建共享实践中通过基于互联网数字信息技术构建的运营机制实现协作、互动、交流与共享。这种多元主体协作机制包括四种协作类型：服务供给主体和服务受众主体之间的协作、服务供给主体之间的协作、服务供给主体和服务评估主体之间的协作、服务受众主体和服务评估主体之间的协作，而在这四类协作类型中，需要政府与各类主体之间进行密切互动。

第四节 数字文化资源共建共享的基本原则

公共数字文化资源共建共享模式的构建，需要遵循必要的基本原则，继而为模式的构建和运行提供正确的方向，以改善和提升公共数字文化服务效能。

一、以人为本

以人为本的原则在公共数字文化服务领域体现为以广大社会公众为根本，共建共享模式的构建旨在为了让民众能够获得和享受优质、高效的公共数字文化服务，进而提升民众对美好生活的追求。而这需要公共文化服务部门始终遵循以人为本的服务原则，通过现代信息技术手段了解和掌握广大民众的公共数字文化需求，在此基础上通过共建共享的供给方式为公众提供精准、均衡、优质的公共数字文化服务，助力广大群众对美好生活的向往。

二、需求导向

需求导向原则是指在公共数字文化服务过程中要以国家发展需求为指导，以民众需求为基础，以需求的满足为检验成效的标准[1]。公共数字文化资源共建共享模式的构建需要考虑国家发展需求与民众需求相结合，努力使二者之间相互统一。当然，需求的满足是相对性的，服务供给主体应尽力满足受众主体的合理需求，若条件有限亦应满足民众的基本需求。可利用大数据分析的手段来掌握广大民众的共同需求和不同类型民众的特殊需求，以实现供需平衡。

三、多元协作

公共数字文化资源共建共享实践是一种多元主体相互共存的社会活动，包括服务供给主体、服务受众主体和服务评估主体等，各参与主体均存在各自的利益驱动，但这并未阻碍各方主体对共建共享实践的参与，而应加强各参与主体之间的交流、互动、协作以形成合力。公共数字文化资源共建共享模式是以公共数字文化服务平台为依托，各参与主体在同一个虚拟文化空间中进行交流互动与协作，继而实现数字文化资源的共建与共享。

四、均衡共享

公共数字文化服务中的"公共性"主要体现在文化服务的均衡化、精准化，即全体民众均享有平等的机会获得公共数字文化服务，这种均衡与共享，不以地域、民族、年龄、性别、社会身份的差异而区别对待。公共数字文化资源共建共享模式的构建需要坚持均衡共享的原则，避免"马太效应"的出现，应最大限度地获知不同服务受众主体的数字文化需求，以实现"全民时代"的公共数字文化服务。

---

[1] 金莹.智慧化：公共文化服务的时代转型［M］.北京：中国社会科学出版社，2020：132.

五、数据安全

公共数字文化资源共建共享模式的构建需要对各方参与主体的相关数据信息进行保护，这也是模式构建的伦理原则。过去，各公共文化机构之所以各自为政而不愿共建共享，数据信息的隐私安全与版权归属是其重要的原因所在。因此，智慧化时代公共数字文化资源共建共享模式的构建更需要遵循与贯彻落实数据保护的原则，让人民群众在虚拟文化空间中能够毫无顾虑地享受、体验和共享公共数字文化服务的功能。

第三章　国内外公共数字文化资源共建共享发展现状

随着信息数字化网络环境的深入发展，人们对数字文化的需求日渐迫切，而为更好地满足人们日益增长的数字文化资源需求，以及节省投入成本和提高服务质量，国外较早兴起了诸多数字文化资源共建共享项目，国内也对此进行了积极探索与尝试。对相关国内外公共数字文化资源共建共享实践现状的了解与动态掌握，有助于推进我国公共数字文化资源共建共享模式的构建和现代公共文化服务体系的建设。

第一节　国外发展现状

国外自 20 世纪 90 年代起便开始了公共数字文化资源共建共享的实践和研究，迄今已经历了"合作共建""资源共享"和"知识共享"三个阶段[①]。目前，国际上已有多个公共文化机构通过开展合作建成公共文化资源整合平台，如世界数字图书馆（WDL）、欧洲数字图书馆（Europeana）、美国数字公共图书馆（DPLA）、欧洲多语言文化遗产库（Michael）、"美国记忆"项目（AM）、加拿大图书档案馆（LAC）、英国聚宝盆项目（Cornucopia）等，这些平台具备良好的信息组织系统，都根据自身特点设置特色版块，并结合社交网络、新闻推荐以及手机 App 等现代化信息技术满足用户综合的文化资源需求，通常都能够实现"一站式"检索服务，极大地提高了资源共建共享的服务效率。本书对

---

① 肖希明，刘巧园.国外公共数字文化资源整合研究进展［J］.中国图书馆学报，2015（5）：63-75.

国外若干具有代表性的公共数字文化服务项目的服务模式与特点进行了调查分析和经验总结，以期为我国公共数字文化资源共建共享实践提供借鉴。

一、典型项目

（一）"美国记忆"项目（American Memory，AM）

美国国会图书馆启动的"美国记忆"（AM）项目旨在"让所有的学校、图书馆、家庭同那些公共阅览室的长期读者一样，能够在所在地便捷地接触到这些对他们来说崭新而重要的资料，并按个人理解重新整理和使用这些资料"①。在资源建设和共享模式路径方面，"美国记忆"项目通过同美国科技公司合作开展"全国数字图书馆竞赛"，鼓励公共图书馆、科研和高校图书馆、博物馆、档案机构等将拥有的关于美国历史文化的资源进行数字化并在"美国记忆"平台上提供服务。其服务平台方便进行简单检索，检索结果以列表和图库两种方式呈现，并可按照主题、时期、类型、馆藏地点的方式进行浏览②。

（二）世界数字图书馆（World Digital Library，WDL）

世界数字图书馆（WDL）是全球图书馆、博物馆及档案馆等文化机构联合开展的一个公共数字文化资源共建共享项目，于2009年4月由联合国教科文组织推出，吸纳了联合国教科文组织各成员具有重大文化意义的数字资源，并且努力将其建设成一个在资源生产、提交、编目、翻译各环节实现可持续发展的数字平台③。通过互联网以多种语言向全球用户免费提供来源于全球不同地域文化的重要原始资料，旨在促进国际和文化间的相互理解，增加互联网上文化内容的数量和种类，为教育工作者、学者和普通用户提供资源，以及加强伙伴机构的能力建设，缩小国家内部和国家之间的数字技术鸿沟④。

---

① 肖希明，田蓉.国外公共数字文化资源整合的现状与发展趋势［J］.国家图书馆学刊，2014（5）：50.

② American Memory. Mission and History［OL］."美国记忆"项目网站，http：//memory.loc.gov/ammem/about/index.html.

③ 肖希明，田蓉.国外公共数字文化资源整合的现状与发展趋势［J］.国家图书馆学刊，2014（5）：53.

④ 唐义.我国公共数字文化资源整合模式研究［M］.武汉：武汉大学出版社，2017：84.

（三）欧洲数字图书馆（Europeana Digital Library，EDL）

欧洲数字图书馆（简称：Europeana）是对欧洲主要的图书馆、档案馆、博物馆等文化机构拥有的数字化资料提供统一访问的门户网站，于 2008 年 11 月 20 日在欧盟委员会的推动下正式诞生。Europeana 最初由法国、德国、匈牙利、意大利、波兰和西班牙六个国家提出，旨在实现欧洲文化和科学资源的共建共享。该项目的资源来自全欧洲 2300 多个文化机构提供的 2900 多万件文化遗产，并提供英文、西班牙文、法文等 30 多种访问语言。而为了给用户创造独立的信息空间，Europeana 还允许用户通过简单的注册获得属于自己的个人图书馆，用户可保存检索历史和条目、添加书签等。此外，Europeana 还推出了 Facebook、Blog、Google+ 等社交平台服务，通过这些社交平台与公众开展更多活动，同时也为公众贡献自己关于欧洲文化和生活的数字资源提供了渠道[①]。

（四）加拿大图书档案馆（Library and Archives Canada，LAC）

加拿大国家图书馆和国家档案馆于 2004 年正式实现合并，成为加拿大图书档案馆（LAC）。LAC 将两馆原有的馆藏资源、技术、人力、服务等各元素进行了重新优化组合，并在文化遗产资源的收集和保存、描述与组织、服务与研究等方面进行了统一规划和协作共建[②]，成为加拿大人民获取本国文化资源及相关社会知识的重要文化机构。LAC 在平台建设方面，提供了族谱查询的特殊功能，可帮助用户获取更多家族成员的信息，还开辟了人口普查、军事遗产、人物肖像等专题信息查找门户，将统一专题的信息进行集中组织编排以为用户提供服务[③]。

（五）美国版权许可中心（Copyright Clearance Center，CCC）

1978 年，随着美国版权法的修订，美国国会建议创立一个更加有效的版权和特许权交易机制（at the suggestion of the U.S. Congress that an efficient

---

① 肖希明，田蓉.国外公共数字文化资源整合的现状与发展趋势［J］.国家图书馆学刊，2014（5）：54.

② 肖希明，田蓉.国外公共数字文化资源整合的现状与发展趋势［J］.国家图书馆学刊，2014（5）：49.

③ 完颜邓邓，童雨萱.供需匹配视角下国外公共数字文化资源整合平台服务方式调查分析［J］.图书馆建设，2021（10）.

mechanism for the exchange of rights and royalties），一群创作者、作者、出版商、用户聚在一起，成立了不以营利为目的的版权许可中心股份公司（Copyright Clearance Center，Inc.），简称CCC。由于并没有任何可用的法定授权（no applicable U.S. statutory license or direct legislative authority），CCC通过自愿签约的形式，取得权利持有人的授权（through voluntary contracts with individual rightsholders），再向用户授予各种版权使用许可。显然，这种自愿授权许可机制（Voluntary licensing）会在权利持有人端与用户端（both the rightsholder and user sides）之间产生成千上万的合约，CCC即致力于围绕这些合约关系而开展营销、销售和客户服务。

CCC通过网络平台，向用户提供系列许可产品，经过40多年的逐步完善，已经发展到面向企业用户、面向学术用户、面向出版商用户三大类，形成了20多个产品交易子平台。显然，CCC的这种版权许可机制是相对比较复杂的，其在2018年出版的《项目管理》（*Project Management*）一书的版权许可，分为电子版、纸版、内容的再版与展示、馆际借阅、复印、电子形式分享内容6种类型，用户有27个使用选项，可按自己需求下订单、支付版权使用费用。CCC发展至今，除了在美国马萨诸塞州丹弗斯设立总部，还在荷兰阿姆斯特丹、日本东京、英国伦敦、罗马尼亚克劳森堡、西班牙托马雷斯设立有分支机构，CCC实际上已经成为一个重要的国际版权交易平台。

（六）知识共享组织（Commons Corporation，CC）

2001年，斯坦福大学教授劳伦斯·莱斯格（Lawrence Lessig）创立知识共享组织（Commons Corporation，CC）。CC是在美国加州注册为股份公司的非营利机构（nonprofit organization / entity），受到美国10多家基金会的支持，并常年接受来自全世界的捐助。目前，CC设立有由12人组成的董事会，公司位于旧金山，员工共22人。

CC虽然成立时间不长，但目前已经有43个国家、648个成员加入，根据CC官网披露，全世界已经有超过16亿件CC许可作品在互联网上传播。CC（知识共享）是一个相对宽松的免费注册版权协议，它包含四种核心权利，六种常见组合。使用者通过CC可明确知道所有者的权利，不容易侵犯对方的版权，作品可以得到有效传播。身为作者或权利持有人，可以选择以下1～4种权利组合：（1）署名（Attribution，简称：BY）：必须提到原作者。（2）非商业用途（Noncommercial，简称：NC）：不得用于营利性目的。（3）禁止演绎（No Derivative Works，简称：ND）：不得修改原作品，不得再创作。（4）相同方式分享（Share Alike，简称：SA）：允许修改原作品，但必须使用相同的许可证发布。作为一种新型的著作权授权模式，CC提供署名（CCBY）、署名—相同方式分享（CCBY - SA）、署名—禁止演绎（CCBY-ND）、署名—非商业性使用（CCBY- NC）、署名—非商业性使用—相同方式分享（CCBY-NC-SA）、署名—非商业性使用—禁止演绎（CCBY - NC - ND）6种授权许可方式。如果是公有领域作品则不保留任何权利，称为CC0许可协议①。

二、服务模式与特征分析

（一）数字版权策略

1.通过法律声明保护知识产权

国外公共数字文化资源共建共享项目通常在项目网站中采取了版权声明、免责声明、链接政策、服务条款等法律声明保护项目和著作权人的知识产权，为各项目建立了一个明确的法律框架，阐明了项目与终端用户、第三方机构及著作权人之间的关系。一旦产生知识产权纠纷或其他法律问题，各项目可以这些法律政策或文件为依据作出相应的决定。如"美国记忆"（AM）在其法律声明网页中指出，国会图书馆会在目录记录、检索工具及馆藏相关的其他文本中尽可能提供著作权人和相关问题的真实信息。英国博物馆、图书馆及档案理事会（MLA）在其网页中声明，除非在特定页面特别指出，网站内所有文本和图像的版权都由MLA拥有并保留。欧洲数字图书馆（Europeana）还重视每条馆藏记录的版权信息服务，积极促进版权信息声明标准化，2015年发布的工作方案确定与美国数字公共图书馆（DPLA）及知识共享组织合作开展"国际互操作权利声明"项目，目的是为终端用户提供其平台上作品的版权状态信息，指导用户或机构合理使用不同版权状态的资源②。世界数字图书馆（WDL）对网站内容进行了免责声明，表示WDL网站上的内容由其合作伙伴提供，美国国

---

① Creative Commons. About The Licenses［OL］. http：// creativecommons. org / licenses /.
② 汪静. Europeana发展现状及启示［J］. 数字图书馆论坛，2017（3）：46-53.

会图书馆和镜像站点托管的 WDL 提供连到其合作伙伴组织网站的链接，每一个合作伙伴负责组织其网站上的内容，如果公众对这些网站内容的版权或政策有任何问题，应该直接与该合作伙伴联系①。

2. 通过版权清理的方式规避侵权风险

公共数字文化资源共建共享的首要任务是要确保在资源共建过程中获得著作权人对作品数字化和网络传播的授权，或确保作品完成了版权清理，不存在侵权的风险②。欧洲 MINERVA 数字文化遗产项目于 2008 年 9 月修订并发布了《MINERVA 知识产权及其他法律问题指南》，强调在线文化项目数字化的作品必须取得著作权人的授权，否则应该使用没有版权或不需授权的作品③。其中，指南归纳了完成版权清理的一些注意事项，如建立法律基础、获得授权、无版权的作品、版权例外和孤儿作品等，欧盟委员会于 2016 年 9 月发布的《数字化单一市场版权指令》（*Directive on Copyright in the Digital Single Market*）明确规定，文化遗产机构如果仅为了保存作品，在必要的程度下以任何格式或媒介制作永久馆藏的作品复制件则属于版权例外④。

3. 重视对公有领域的保护与利用

加强对公有领域的保护，以对抗知识产权保护主义对公有领域的冲击，并促进公众对公有领域作品的合理利用是国外公共数字文化资源共建共享项目保障公众无障碍获取数字文化遗产的一项非常重要的知识产权战略⑤。如欧洲数字图书馆（Europeana）在 2010 年 4 月发布了《公有领域宪章》（*Public Domain Charter*），明确了版权过期作品数字化的相关法律问题⑥；此外，为了帮助用户理解自身权利和义务，Europeana 还制定了《公有领域使用指南》（*Public Domain Usage Guidelines*），而且对公有领域资源采用"公有领域标识"以明

---

① 世界数字图书馆法律公告［OL］.世界数字图书馆，http：//www.wdl.org/zh/legal/.

② 杨蕾.国外公共数字文化资源整合的知识产权策略［J］.图书馆学研究，2017（23）：80-85.

③ Minerva. Intellectual Property Guidelines［OL］. http：//www.minervaeurope.org/publica-tions/MINERVAeC%20IPR%20Guide_final1.

④ 陈兵.欧盟《数字化单一市场版权指令（草案）》评述［J］.图书馆，2017（9）：49-54.

⑤ 杨蕾.国外公共数字文化资源整合的知识产权策略［J］.图书馆学研究，2017（23）：80-85.

⑥ Europeana. Public Domain Charter［OL］. http：//www.europeana.eu/portal/en/rights/public-domain-charter.html.

确其法律状态，要求资源提供方在元数据中标示资源的权利归属等[①]。

4.采用CC版权许可协议

国外公共数字文化资源共建共享项目除了通过加强对公有领域的保护和利用来实现著作权主体与社会公众利益之间的平衡之外，还在资源发布环节采用了"创作共用许可协议"（Creative Commons Copyright Licenses）来权衡各相关方的利益。

美国数字公共图书馆（DPLA）在元数据的发布方面采用了CC0 1.0公有领域贡献许可协议（CC0 1.0 Universal Public Domain Dedication），公众可任意对这些元数据进行复制、修改、传播和演绎等，而无须获得DPLA的授权。但要求使用其元数据的公众主动指明其来源以维护数据来源机构的合法权益[②]。同样，欧洲数字图书馆（Europeana）在元数据的发布方面也采用CC0 1.0公有领域贡献许可协议，每一条馆藏记录都遵循CC许可协议，并根据作品的授权条件为每条馆藏记录设置了相应的CC图标，点击该图标便会跳转至协议详细界面，这样公众便可得知使用该作品须遵循哪些条款，从而明确自身的权利和义务[③]。

5.孤儿作品的法定许可模式

国外公共数字文化资源共建共享项目在建设过程中，曾面对着数量庞大的孤儿作品问题，作品数字化工作陷入了无法联系著作权人、无法获得使用授权、分别取得授权手续繁杂且成本巨大等困境。对此，欧洲数字图书馆（Europeana）积极倡导制定了有关孤儿作品的法令政策，以明确其适用的主体及条件，促进公共文化机构对孤儿作品的有效利用。2012年10月，在Europeana与Information sans frontiere的共同推动下，欧盟会议批准和正式采用了它们提出的《2012欧洲议会与欧洲联盟理事会关于孤儿作品许可适用特定

---

① Europeana. Europeana Usage Guidelines for Public Domain Works［OL］. http：//www.europeana. eu/portal / rights / pd－usage－guide. html.

② DPLA. Metadata Policy Statement［OL］. http：//dp.la/info/about/policies /.

③ Europeana. Toppop. David Bowie 10［OL］. http：//www.europeana.eu/portal/record/ 2022102/urn_axmedis_ 00000_obj_bbd45593_078d_4a9c_8e54_431e0bcc660b.html?utm_source=featureditem& tm_medium=portal&utm_campaign=Featured%2Bitem.

问题的指令》，从而在欧盟范围内建立了孤儿作品的法定许可模式①，为公共数字文化资源共建共享实践中有关孤儿作品的数字化提供了有效的解决方案。

（二）个性化服务模式

个性化服务是公共数字文化资源共建共享项目在数字化、智能化、信息化时代的必然发展趋势，它充分体现了公共文化服务以用户需求为导向的基本原则。国外公共数字文化资源共建共享模式平台不仅针对用户群体的划分推出了与用户群体相关的针对性服务，还开展了针对个体用户的个性化服务，且主要是以个性化推荐为主。世界数字图书馆（WDL）、欧洲数字图书馆（Europeana）、英国国家档案馆（The National Archives）、加拿大图书档案馆（LAC）通过 RSS（真正简易聚合）向用户定时推送订阅信息，用户可以及时接收其感兴趣的最新资讯，节省获取公共数字文化资源的时间和精力。

Europeana 网站推出了一项聊天机器人的服务，旨在改善数字化文化遗产资源的搜索功能，聊天机器人将其与用户的对话进行分析并提取相关信息，确定用户想要的资源，并据此为用户提供自定义搜索，可以帮助用户快速找到所需的数字文化资源②。同时，Europeana 的用户可以创建属于自己的个人资源收藏空间，通过此功能用户可以对其所喜爱的资源进行保存，同时用户也可依据自身需求及喜好，选择是否公开自己的个人资源收藏空间，公开后的资源收藏空间也可形成标签供其他用户参考和借鉴。

美国数字公共图书馆（DPLA）则设置了"我的清单"功能，用户可以选择将自己感兴趣的资源收藏至"我的清单"，通过此工具，用户可以轻松保存在 DPLA 网站上发现的有用资料，而无须反复搜索就可以重复访问。此类个性化服务可以帮助用户存储个性化检索的数字文化资源，便于随时随地访问，提高资源的使用频次，同时利于用户更高效率地获取且全面系统管理个人资源③。

（三）众包机制服务模式

所谓"众包"，是指一种公开面向互联网大众的分布式问题解决机制，可

---

① Europeana Professional. Consultations［OL］. http：//pro.europeana.eu/advocacy-consultation.

② Culture Chatbot［OL］. https：//pro.europeana.eu/project/Culture-chatbot.

③ Save your Favorite DPLA Items with New List Feature［OL］. https：//dp.la/news/save-your-favorite-dpla-items-with-new-list-feature.

以在线的方式将个体难以独立完成的任务整合起来，并通过相关互联网平台展示，由未知的大众来完成任务①。这种机制充分显现在国外公共数字文化资源共建共享实践之中，一些平台通过众包的策略激励社会公众参与数字文化资源的共建共享，最大化满足公众的文化需求。

欧洲数字图书馆（Europeana）网站设置了"Transcribation"版块，该版块利用社会公众的力量来丰富数字文化遗产资源，为用户提供处理历史资料的独特机会，其中历史资料包括历史信件、日记及图片的扫描文件；用户可进行添加抄录、标记及地理参考等操作，旨在鼓励公众将 1914—1918 年在 Europeana 发现的经历了第一次世界大战的人的信件和日记转录成数字版本，以增加资源的访问范围并开拓其研究潜力和教育前景。同时，设置了"share your story"版块，开设了欧洲移民、欧洲工作等子版块鼓励社会公众在其所属模块分享自己的故事，以丰富欧洲的历史，让参观者变成参与者，使其对欧洲文化及历史有更为深刻的理解及认识②。

加拿大国家图书档案馆（LAC）将其用户更多地视为合作伙伴，而并非服务对象，基于此理念，网站推出了两个颇具特色的模块。其中一个叫"数字实验室"，该模块是 LAC 推出的对外服务举措，以实现查档者自助对档案进行数字化转换。LAC 在总部设置了一间带有扫描仪和电脑的房间，以接待具有一定学术功底和研究水平的用户。用户通过参与档案数字化及完成相关档案元数据的著录，再由 LAC 将经由该模块处理的数字化资源于线上公布。该举措不仅可以使 LAC 和查档者实现双赢，还可以使得公众可获取的数字资源更为丰富③。

此外，另一个模块名称为"合作实验室"，它是 LAC 开发的一个独特的众包工具，该计划的目的是增加 LAC 馆藏的数字资源，使加拿大人有机会与庞大的馆藏互动，同时使其他用户更易访问和发现相关馆藏资源。该模块设置的主要目的在于借助公众的力量对图像资源添加转录、标记、翻译或描述文本，使用户在阅读、检索和使用时更方便。LAC 以"挑战"为主题设立激励机制并

---

① 严杰，刘人境，刘晗 . 国内外众包研究综述［J］. 中国科技论坛，2017（8）：59-68.

② Transcribathon. https：//europeana.transcribathon.eu/documents/.

③ DigiLab. https：//www.bac-lac.gc.ca/eng/services-public/Pages/diGilab.aspx.

鼓励用户在这类众包活动中积极作出贡献。他们还可以使用 LAC 的新搜索工具"集合搜索 BETA",将元数据添加到 LAC 集合中的任何数字化资源中,通过集合大众的集体智慧不仅帮助 LAC 解决了困难,同时也方便了公众利用[①]。

(四)多元化分众服务模式

公共数字文化服务面向的用户群体各式各样,不同群体存在各自相应的文化需求,如何为不同的用户群体提供相应的文化资源则成为平衡供需匹配的有效措施[②]。国外公共数字文化资源共建共享平台依据用户群体类别或根据用户群体的专业性、使用目的而创建网站、开设模块等,充分体现了多元化、个性化的分众服务模式特征。

例如,加拿大图书档案馆(LAC)面对新冠肺炎疫情推出了"居家学习包"的服务模块,该模块整合了档案馆、艺术馆、学习库、图书馆、博物馆的文化资源,并且于各个版块下设多项子版块,不同年龄段或者不同群体的用户和实体馆舍之间无须接触即可获取资源和服务[③]。其中,档案馆的"数字实验室"主要是吸引具有一定专业知识的社会公众积极参与数字化档案资源的转录、标引、翻译和著录工作;艺术馆"指挥 101"的主要目的是培养音乐家,所展示的视频资源可提供实用有效的技巧指导和练习建议等;图书馆的"居家图书馆"能为用户提供免费的在线资源。

LAC 所提供的资源分为两大类:一是学习资源,针对不同年龄段用户的学习需求针对性地提供资源,对于学龄前儿童,提供早期扫盲课程及有声读物等资源;对于学生,则提供学科学习资料及职业规划教程等;对于成人也可提供职业证书培训及面试技巧等,为其提供工作所需的知识和技能。二是休闲资源,为用户提供纪录片、电影等视频资源,媒体中的"播客"能为对加拿大历史感兴趣者或研究人员提供介绍加拿大历史和文化的音频,用户可通过博物馆的"线上游 App"进行线上参观,同时获得语音导览,若用户不想听讲解,还有文字版的解说词可供用户阅读。"TD 暑期读书俱乐部"是面向儿童群体的双

---

① Welcome to Co-Lab! [OL]. https://co-lab.bac-lac.gc.ca/eng/.

② 完颜邓邓,童雨萱.供需匹配视角下国外公共数字文化资源整合平台服务方式调查分析[J/OL].图书馆建设,https://kns.cnki.net/kcms/detail/23.1331.G2.20211028.1658.002.html.

③ Library and Archives Canada. Resources for staying at home [OL]. https://www.bac-lac.gc.ca/eng/stay-connected/Pages/stay-home-resources.aspx.

语阅读计划，提供在线阅读服务、在线漫画书服务等。

欧洲数字图书馆（Europeana）网站根据公众用户的文化需求，为不同用户群体建设了不同网站。例如，为文化遗产机构建立了专门的网站 Europeana Pro，该站围绕"以人为本"的核心思想介绍机构合作机制、最新机构动态等信息，目标是为合作机构提供更便捷的参与途径、更翔实的数据统计内容、更丰富的商业合作机会，使得文化遗产更易用于教育、研究领域并基于此进行创新，以促进经济增长、增加就业机会和提升公众幸福感及文化认同感[1]。此外，Europeana 为终端用户专门开设了 Europeana Collection 网站，主要提供资源的检索及查询服务，同时也对资源进行了深入挖掘和展示。网站还开设了教育模块"欧洲教室"，该模块的目标用户是对创新学习感兴趣的教育者、学习者或者学习者父母，该模块具有学习场景、资源、游戏、培训工具等资源。其中，培训工具针对教师，提供了使用 12 种语言介绍的工作指南，以指导熟悉不同语种的教师快速便捷地查找和使用资源；游戏版块主要针对学生，让青少年寓学习于游戏，并提供一种相互关联的浏览形式，使得原本分散的、跨学科的资源产生了一定的联系[2]。

另外，Europeana Collection 网站的 Parthenos 是为数字人文研究人员开设的培训模块，致力于促进文化遗产领域的研究，旨在定义文化遗产研究的共同标准，制定和实施共同政策，并开展联合活动以促进数字人文研究人员之间的交流、合作[3]。同时，该项目网站计划在不久的将来，将残疾人群的需求也考虑在内，设计并开发各类人群都可以轻松使用的功能[4]。

英国国家档案馆（The National Archives）的特色之一则是将英国的历史资源与教育资源相结合开设的教育版块，其中依据目标群体的不同及特性下设"学生"和"教师"两个模块。教师模块依据教师这一群体的需求，提供了

---

[1]　Europeana Aggregators. https：//pro.europeana.e u/page/aggRegators.

[2]　The new Europeana collections from a teacher's perspective［OL］. https：//pro.europeana.eu/post/the-new-europeana- collections-from-a-teacher-s-perspective.

[3]　Parthenos releases new training module for digital humanities researchers［OL］. https：//pro.europeana.eu/post/parthenos-releases-new-training-module-for-digital-humanities-researchers.

[4]　Making the Europeana website accessible to all［OL］. https：//pro.europeana.eu/post/making-the-europeana-collections-website-accessible-to-all.

专题讨论会、线上专题讨论会、课程、重点专题、主题馆藏等服务，不仅对教师这一群体可以使用的档案资源进行了更细的划分，还将可使用的档案资源按照学生的年龄，分成 5 种难度级别。教师可以根据教学内容及目标、教学受众群体的年龄大小选择难度适宜的教育资源进行课堂教学。学生模块按照学生的需求提供了论文写作框架、游戏、学习日、档案利用等服务。其中，游戏是基于档案原件或者档案复印件借助 Flash 等技术开发的，它将档案的历史价值融合进游戏内部，学生可以依据自己的年龄大小来选择游戏类型，这种寓教学于游戏的方式不仅受到广大学生群体的好评，也提高了网站的访问量及资源利用率[①]。

第二节 国内发展现状

21 世纪以来，互联网技术迅猛发展和快速普及，促使社会公众对公共数字文化的需求日渐增长。对此，党和国家出台了相应政策推动我国公共数字文化资源共建共享实践，其中 2002 年全国文化信息资源共享工程项目的实施标志着全国性公共数字文化资源共建共享实践的开始[②]。此后，随着新媒体环境和技术的发展，社会公众对"一站式"获取公共数字文化服务的需求进一步显现，国家为此又相应出台了推动公共数字文化服务建设的发展战略，逐步构建了覆盖全社会的现代公共文化服务体系，形成了公共数字文化资源共建共享的产业链形态。

当前，我国公共数字文化资源共建共享实践主要体现在以下两个层面：

一是公共数字网络基础设施建设。公共数字文化服务的开展构筑在公共通信和数据传输的基础之上，需要构建覆盖全国各地的文化馆、图书馆、博物馆、群众艺术馆、美术馆、非遗保护中心等公共文化机构的信息资源中心和网络服务平台。21 世纪以来，支撑我国公共数字文化资源共建共享平台运行的网

---

① 刘开蒙，史武鹏.英国国家档案馆网站多元化信息服务特色及启示［J］.四川档案，2016（2）：55-57.

② 唐义.我国公共数字文化资源整合模式研究［M］.武汉：武汉大学出版社，2017：51.

络环境已基本形成并逐步完善，如中国网通高速宽带互联网、中国科技网、中国金桥网等[①]，同时随着"三大惠民工程"的积极开展，我国大部分城乡地区均已具备了现代网络条件与设备，可与国家骨干通信网络系统进行有效链接。

二是公共数字文化共享工程的启动。随着数字技术的迅速发展和网络的快速普及，社会公众对公共数字文化服务的需求与日俱增。其中，各类公共文化机构不断将各自馆藏文献和文化资源加工转化成数字文化资源，以为社会公众提供数字文化服务。同时，在现代网络环境下，社会公众更需要一个汇聚不同文化机构的数字文化资源的服务平台，以供检索和获取。故而，进一步促使我国公共数字文化服务呈现融合的发展趋势，各公共文化机构之间开展合作、协商、整合、共建与共享数字文化资源，为社会公众提供"一站式"的公共数字文化服务。与之相关的各种文化共享工程在国家和地方层面均相继得以启动，如全国文化信息资源共享工程、国家数字图书馆推广工程、公共电子阅览室建设计划、中国文化网络电视新媒体服务、盲人数字图书馆以及各类以数字化和信息化为核心的公共文化云建设等，且取得了良好的成效。

作为保障公民文化权益的重要手段，党的十六大以来，我国公共文化服务体系建设取得长足发展，公共文化服务总量大幅增加，城乡文化服务差距迅速缩小。近年来，国家陆续实施了"全国文化信息资源共享工程（2002）""数字图书馆推广工程（2011）""公共电子阅览室建设计划（2012）""广州记忆工程（2012）"等公共数字文化惠民工程。这些项目的启动进一步充实和完善了我国公共数字文化服务体系建设。同时，为进一步提升我国公共文化服务的供需平衡、公众需求表达和供给主体多元化发展，从中央到地方均进行了创新公共文化服务试点，探索信息化、数字化、智能化的公共文化云平台建设。

相关应用案例具体如下。

一、公共数字文化工程

（一）全国文化信息资源共享工程

即"文化共享工程"，是我国首个政府主导实施的国家重大文化惠民工程，

---

① 周永红.论知识创新中的图书情报服务平台建设［J］.情报资料工作，2005（2）：85-88.

它坚持以人民为中心、以基层服务为导向，为广大民众提供贴近生活的数字文化产品。在网络设施方面，现已形成了国家、省、市、县／区、乡镇／街道、村／社区的六级数字文化服务网络，"国家数字文化网"是其综合性公共数字文化服务平台[①]。通过合作共建、自主建设、公开征集、网络采集、行政调拨、资源交换等方式，文化共享工程对诸多公共文化机构的优秀数字文化资源进行了共建[②]。截至 2015 年年底，文化共享工程数字资源总量累计达到 532TB，发展中心普适资源建设量达 73TB。针对不同的服务对象研发定制了集内容、系统终端于一体的惠农系列资源包、社区文化生活馆、科普视频库等数字资源服务产品。此外，地方特色资源建设总量达到 459TB，针对少数民族地区的需求，建设了民族语言资源 14487 小时，涉及不同地方语言[③]，开创了具有中国特色的公共数字文化体系。

（二）数字图书馆推广工程

2011 年，文化部、财政部印发《关于实施"数字图书馆推广工程"的通知》，决定于"十二五"期间在全国实施数字图书馆推广工程。在资源建设路径和合作模式上，数字图书馆推广工程由国家图书馆与地方图书馆以"合作共建"和"合理共享"的原则进行合作，以国家数字图书馆为中心、以各级数字图书馆为节点，搭建覆盖全国的数字图书馆专网和虚拟网，建设分级分布式数字图书馆资源库群；以互联网、广播电视网、移动通信网为通道，以手机、数字电视、移动电视等为终端，向公众提供多层次、多样性、专业化、个性化的数字图书馆服务[④]。数字图书馆推广工程由国家图书馆进行整体规划与实施，并负责经费管理、项目评审及成果验收，在资源数量、软硬件设施基础、新媒体服务等方面走在了文化资源数字化、应用与服务的前列[⑤]。

---

① 李宏．公共数字文化体系建设与服务［J］．图书馆研究与工作，2017（1）：6.

② 汪强．《全国公共图书馆事业发展"十二五"规划》之关键词解读［J］．图书馆建设，2013（9）：45-53.

③ 罗云川，张桂刚．公共数字文化共享：模式、框架与技术［M］．北京：社会科学文献出版社，2018：200-201.

④ 祁自顺．数字图书馆推广工程——数字文化建设工程的新引擎［J］．数字与缩微影像，2013（1）：26-28.

⑤ 李晓明，姜晓曦，韩萌．数字图书馆推广工程数字资源共建共享模式探析［J］．国家图书馆学刊，2012（10）：20-26.

（三）中国文化网络电视新媒体服务

为了更有效地解决文化共享工程的落地服务问题，文化和旅游部全国公共文化发展中心推出中国文化网络电视新媒体服务渠道，实现了知识讲座、舞台艺术、影视精品、农业科技、少儿动漫、进城务工、群众文化、少数民族、地方特色文化等资源的共享工程，通过 IPTV、互联网电视、双向数字电视等渠道，形成了进入基层服务点、公共电子阅览室、图书馆、文化馆的"入站"模式，进入百姓家庭的"入户"模式，进入个人数字智能服务终端（App 及微信）的"入手"模式。现阶段，中国文化网络电视通过"入站"模式累计进入全国 21 个省份的图书馆、文化馆／站、边疆舒适文化驿站，入站数量过万。

（四）"中国记忆"传统文化艺术基础资源数字平台

"中国记忆"传统文化艺术基础资源数字平台是文化和旅游部民族民间文艺发展中心主持建设，运用地理信息系统（GIS）、数据库、流媒体等技术，以我国民族民间文化艺术为资源的专业性、学术性和开放性的数字平台，并得到文化和旅游部"国家文化资源信息平台建设"、科技部"中国民族民间文艺基础资源拯救"等一系列项目的支持。该平台规划内容涵盖文学、音乐、舞蹈、曲艺、戏曲等多个艺术门类，涉及文字、图片、声音、影像等各类介质。目前已入库资源 122 万余份，其中戏曲 8 万余部、民间文学 100 余万篇。此外，通过技术合作，在"中国记忆"数据库基础上，还与地方合作建立了包括贵州荔波档案馆、中国水书数据库等在内的一批文化资源数据库示范点，初步形成了一个以文化和旅游部民族民间文艺发展中心为核心的传统文化艺术资源技术协作体系。

（五）数字文化馆建设项目

自 2015 年起，在中央财政转移地方公共数字文化的项目中，新设了面向文化馆系统的数字文化馆试点和文化馆全民艺术普及特色文化资源建设项目。其中，2015 年启动了 10 家文化馆开展数字文化馆试点，2016 年按照相关审批程序，确定了 15 家试点单位。主要试点任务有：数字文化馆开展网络互动培训体系化应用服务；统一数字资源建设标准，结合当地演出、培训、群众文化活动等，采集整合文化艺术普及数字资源；围绕文化馆业务职能，提升门户网站服务功能，开通微信等移动互联网服务，发挥好全民艺术普及智能优势，与国家数字文化网络互联，全面融入国家文化数字化战略，推动全民艺术普及资源总库纳入中华文化数据库。

（六）地方政府或组织机构文化资源数字化建设

进入 21 世纪以来，国家和地方文化机构相继启动了若干公共数字文化资源整合项目，如各级图书馆将其丰富的馆藏资源进行数字化典藏等，地区性的共享工程如"北京记忆""广州记忆""天下湖南"等，还有中外合作的项目如"国际敦煌学项目"等，通过数字化平台向社会公众展示。其中，"广州记忆"由广州市档案馆牵头，致力于整合地方文献，记载保存城市建设规划的完整记忆，是一个供公众查阅及交流的窗口，是以文本、图片、音频、视频等各种形式记录和反映广州历史文化的数字文献资源库，目标是收集广州文献遗产、保护广府人的集体记忆、增强市民对广州的认同感，满足公众认知城市历史文化的强烈需求。

上述这些国家或地方公共数字文化共享工程的启动和实施推动着我国公共文化资源数字化规模和水平的逐步扩大与提高、标准规范的逐步完善。但与之同时，我国公共文化资源数字化仍缺乏系统规划和适用的标准规范等。

二、走向智能化的公共文化云建设

随着大数据、区块链、人工智能等新技术的迅速发展与普及，我国公共文化服务领域出现了各种相关"云服务"的实践与尝试，从中央到地方的各种文化机构和组织单位相继创建了公共文化服务云平台，以创新和提高公共文化服务供给模式与"智慧化"服务效能。2022 年 5 月，中共中央办公厅、国务院办公厅印发的《关于推进实施国家文化数字化战略的意见》明确将"提升公共文化服务数字化水平"作为其中的重点任务之一，指出要进一步"推动公共图书馆、文化馆、博物馆、美术馆、非遗馆等加强公共数字文化资源建设，统筹推进国家文化大数据体系、全国智慧图书馆体系和公共文化云建设，增强公共文化数字内容的供给能力"。这一政策的提出，进一步为我国公共文化服务数字化、信息化和智能化建设提供了指导，为公共文化服务云平台的建设明确了方向。

（一）我国公共文化服务云平台建设情况

"文化云"的理念是由黑龙江省哈尔滨市较早提出的，旨在降低公共文化服务成本，实现文化普惠发展①。我国首个以"文化云"命名的公共文化服务云平台建设，可追溯至2014年12月上海"文化嘉定云"的正式运行，实现了区域范围内的文化资源整合与共享②。2016年3月，我国第一个省级公共数字文化服务云平台"文化上海云"正式上线，该平台面向上海市民开放，用户通过移动终端能快速便捷地访问文化馆、图书馆、博物馆、美术馆等公共文化机构，实现线上活动预约、资源浏览和服务评价等功能，让用户"一站式"地获取上海市16个区县的公共文化资源③。从国家层面来说，在2017年中国文化馆年会期间，由文化部公共文化司指导、文化部全国公共文化发展中心具体建设的"国家公共文化云"正式开通，进一步促进了全国各地的公共文化服务云平台的建设。此后这种公共文化服务的供给模式日渐受到关注，继而从中央到地方陆续启动了各自的公共文化服务云平台建设工程。

目前，我国公共文化服务云平台的建设已涵盖了国家级、省级、市级、县级四个级别（见图3-1、图3-2），这些地方文化云由各自属地的文化管理部门建设和运营，并在文化和旅游部的领导下，各文化云按照地域归属和行政级别进行相互关联，继而形成从中央到地方的公共文化服务云平台网络机制。

省级文化云

图3-1　与"国家公共文化云"链接的省级文化云

---

① 初霞.打造"文化云"，提升软实力［N］.哈尔滨日报，2012-06-26（4）.

② 上海嘉定公共文化服务迈入"云时代"［OL］.https://www.mct.gov.cn/whzx/qgwhxxlb/sh/201508/t20150803_781680.htm.

③ 王丹，陈雅.基于区块链技术的公共数字文化服务云平台架构研究［J］.图书馆学研究，2021（11）：35.

图 3-2 与"国家公共文化云"链接的市、区／县级文化云

纵观我国目前各个公共文化服务云平台，大多数均具备文化资讯、文化活动、在线学习、文艺资源、艺术鉴赏等功能，少数云平台具备场馆预约、培训资源、志愿服务、商品展示、大数据分析等功能版块。但是，这些公共文化云的实践和尝试现阶段尚无法实现更多的数据挖掘和开发，其本质上仍处于公共文化服务的数字化建设阶段，而与智能化、智慧化的公共数字文化服务目标仍存在一定的距离。同时，这些公共文化云的建设和运营均由与之相对应的各行政等级的文化管理部门完成，而缺乏社会力量与之共建，更缺少与社会文化资源的有效链接[①]。

（二）国家公共文化云

1. 国家公共文化云建设情况

2017年，为迎接党的十九大，决胜全面建成小康社会，深入实施文化惠民工

---

① 金莹.智慧化：公共文化服务的时代转型［M］.北京：中国社会科学出版社，2020：73.

程，提升公共数字文化服务效能，打通公共文化服务"最后一公里"，文化部全国公共文化发展中心（现"文化和旅游部全国公共文化发展中心"，简称"发展中心"）根据《文化部"十三五"时期公共数字文化建设规划》的要求，在文化部公共服务司的指导下，以全国文化信息资源共享工程已建的六级服务网络和国家公共文化数字支撑平台为基础，探索开展了"国家公共文化云"的建设和服务工作。

"国家公共文化云"是由文化和旅游部主导打造的公共数字文化服务总平台、主阵地，集成运用互联网、移动互联网、云计算、云存储、大数据、多媒体互动等技术，集信息资讯、书籍阅读、艺术鉴赏、文艺活动、培训辅导、文化传承、展览展示、文化交流、文化政务等服务功能于一体，兼容手机、移动终端、电脑和电视，旨在面向基层提高供给效率，打通公共数字文化服务"最后一公里"，实现公共文化服务"政府端菜"与"群众点菜"相结合，突出移动互联网应用，面向基层群众提供菜单式、点单式、预约式的"一站式"服务，提高公共数字文化服务在基层的丰富性、便利性和可选择性，提升公共文化服务效能[1]。同时，在持续优化提升公共文化服务质量的基础上，大规模带动文化创意、艺术服务、相关装备器材制造等产业，全面促进文化消费市场繁荣发展，为全国"互联网+公共文化服务"、运用数字网络技术深入推进公共文化服务供给侧改革、加快构建现代公共文化服务体系建设，创立卓越的国家公共文化支撑模式[2]。

近年来，我国公共文化服务体系建设取得了长足发展，但仍存在服务效能不高的问题，部分公共文化产品和服务存在水平低、同质化、形式陈旧以及资源配置错位等问题。公共文化服务处在从"有没有""缺不缺"向"好不好""精不精"转型升级的关键时期。2021年，发展中心结合《"十四五"文化和旅游发展规划》和新"三定"职责，启动了国家公共文化云全新改版。改版后的国家公共文化云以适应新时代公共文化服务高质量发展要求为目标，通过运用云计算、大数据等信息技术，以移动互联网为主要渠道，联合地方文化云，打造覆盖全国的安全、便捷、权威、丰富、开放的全民艺术普及公共服

---

① "国家公共文化云"官网，https://www.culturedc.cn/new1/guide.html.

② 罗云川，张桂刚. 公共数字文化共享：模式、框架与技术［M］. 北京：社会科学文献出版社，2018：203-204.

总平台。通过对系统进行迭代升级，推动品牌建设，重点打造"汇资讯、看直播、享活动、学才艺、订场馆、读好书、赶大集、聚行业、汇文采"等服务版块（见图3-3），实现移动端应用体验与服务性能双提升。特别是在新冠肺炎疫情期间，国家公共文化云探索线上线下相结合的服务模式，整合汇聚全国优质文化活动、文化资源，通过线上形式开展便捷服务，有效满足了广大群众的公共文化需要。至2022年8月31日，国家公共文化云汇集各类数字文化资源27.89万条，累计访问量10.57亿次，注册机构用户3380个。2022年前8个月访问量1.58亿次，与上年同期相比实现了24.24%的增长，其中，手机端访问量1.20亿次，约占总访问量的75.31%。

图3-3 "国家公共文化云"平台界面

此外，文化和旅游部安排部署的一系列公共文化领域重点工作，如群星奖展演、中国民间文化艺术之乡评选与建设、全国文化站数字监管和服务、文化馆评估定级、国家公共文化服务体系示范区创新发展、文化和旅游志愿服务等全国性工作项目，均通过在国家公共文化云开设版块，面向全国提供技术平台支撑。其中，"中国民间文化艺术之乡"申报评审系统支持各省份报送项目210个，助力专家线上完成项目评审。"中国文化和旅游志愿服务系统"注册"阳光工程""圆梦工程"等志愿者10.54万名，发布志愿服务信息9.16万条，记录服务时长44.88万小时。

2. 引领地方公共文化云建设

2020 年下半年，经深入调研、广泛听取各省份文化和旅游厅（局）、文化馆以及专家组建议，发展中心在文化和旅游部公共服务司的指导下，拟订了《"十四五"公共文化云项目建议书》。2021 年 2 月，经文化和旅游部报中宣部批准，公共文化云建设被纳入中央财政补助地方公共文化服务数字化专项。2021 年 3 月，文化和旅游部、国家发展改革委、财政部印发《关于推动公共文化服务高质量发展的意见》，要求提升数字文化馆网络化、智能化服务水平；进一步完善国家公共文化云等平台的大数据管理和服务功能；推动国家云和地方云、地方云和当地智慧城市平台的对接。2021 年 4 月、6 月，公共文化云建设先后被列为文化和旅游部印发的《"十四五"文化和旅游发展规划》《"十四五"公共文化服务体系建设规划》重点项目，要求以国家公共文化云为依托，联合地方文化云，以移动互联网为主要渠道，打造覆盖全国的全民艺术普及公共服务总平台、全民艺术普及资源总库、全民艺术普及文创中心、公共文化和旅游产品交易中心。

2022 年 1 月，国家发展改革委等部门联合印发《"十四五"公共服务规划》，要求推进全国智慧图书馆体系建设、公共文化云建设。国家公共文化云项目相继列入中办、国办《关于推进实施国家文化数字化战略的意见》《"十四五"文化发展规划》等文件。在这些文件和政策的支持下，发展中心积极推进国家公共文化云与地方文化云、地方数字文化馆等进行平台对接，汇聚资源，提升服务，不断提高数字文化服务的覆盖面和适用性。

其一，构建互联互通的数字文化服务平台。基于覆盖全国的六级公共数字文化网络设施和服务体系，按照统一的建设标准和技术对接规范，发展中心联合各省份初步搭建了"1+N"的互联互通的公共文化云服务平台。其中，"1"是指由发展中心承担建设的国家公共文化云平台，发挥以全民艺术普及服务为核心的公共文化云全国总平台作用；"N"是指各省（区、市）文化和旅游厅（局）指导建设的地方文化云平台、数字文化馆平台等，发挥以本地、本区域服务为主的公共文化云地方平台作用；地方平台可通过技术对接、批量导入等多种方式与国家公共文化云平台对接联通，汇聚形成公共文化云全国资源池、用户池、数据池。截至 2021 年年底，有 170 家地方云平台实现与国家公共文化云对接，地方文化云平台全年访问量达 11.28 亿次。如江苏公共文化云，在对接国家公共文化云后，用户访问量实现全年 60% 的增长，至 2022 年 8 月 31 日，总访问量达到 3 亿人次。

其二，形成全国公共文化资源汇聚。通过公共文化云建设项目，各省份围绕艺术活动、艺术知识、艺术欣赏、艺术技能等，开展全民艺术普及资源建设，并通过国家公共文化云汇集群众文化活动、群众文艺作品、艺术普及课程、艺术普及电子图书、艺术普及师资库、文化馆（站）行业信息等数字资源，形成全国公共文化资源的汇聚。资源成果主要为音视频，并随着国家信息技术的发展，带动各地不断更新提升技术标准，视频直播、点播已采用 HLS 流媒体协议和 HTTPS 安全传输协议，通过 TS、MP4 进行技术封装、以 H.264、AAC 为主要压缩标准，有效提升了行业数字资源服务技术标准化能力，使其更适应移动互联网传播方式，符合当前群众文化消费习惯，提升了服务效能。至 2022 年 8 月，国家公共文化云提供服务资源 27.89 万条，其中汇集各地对接资源 15.79 万条，占总量的 56.61%。

其三，带动各地打造群众文化服务核心品牌。在文化和旅游部公共服务司的指导下，云平台先后推出了"村晚"、大家唱、广场舞、"乡村网红"、"百姓大舞台"五大全国性的品牌活动，充分发挥了线上线下的融合联动作用，形成了群众文化活动的大集成和大展台，体现了数字化赋能公共文化服务的强大力量。通过技术联通，推出云上群星奖、云上广场舞、云上村晚、云上大家唱等全国性、区域性、地方性的全民艺术普及品牌活动，逐步形成和强化公共数字文化服务品牌在公众心中的影响力。利用网络联动，仅 2021 年元旦期间，全国共组织"村晚"9522 场，吸引了 2.48 亿人次参与。"乡村网红"培育计划，网络话题搜索浏览量超过 5.7 亿人次，直播活动观看量超过 1000 万人次[①]。通过与国家公共文化云联动，各地不断激发平台服务效能，如重庆群众文化云，实现活动预约 16.2 万人次、培训报名 17.54 万人次、场馆预约 14.88 万人次，仅 2022 年前 8 个月的访问量就已达到 1459.03 万人次。

其四，实现数据的统一分析和管理。通过国家公共文化云将各地文化资源

---

① 白雪华，韩业庭.用数字化赋能公共文化服务［N］.光明日报，2022-04-26（005）.

的数据采集、加工、挖掘与数据服务纳入经常性工作，结合发展中心文化馆研究院、乡村公共服务研究院、基层公共数字文化服务研究院和公共文化服务大数据应用文化和旅游部重点实验室有关研究成果，将各级文化馆（站）的关联数据转化为可溯源、可量化、有价值的数据资产，推动不同层级、不同地域文化馆之间的文化数据共建共享。如联合上海市群众艺术馆、成都市文化馆等单位共同开展《数字文化馆资源和技术基本要求》国家标准的研制工作，与北京市文化馆、江苏省文化馆等单位共同开展《文化馆服务数据采集要求》行业标准的研制工作，均取得了较大进展。在制定标准的同时，也在积极探索文化馆数据采集方法和渠道，已经与上海市群众艺术馆、重庆市群众艺术馆、马鞍山市文化馆等单位开展了数据采集实验。下一步将加强对文化数字内容需求的实时感知、分析和预测，并按照国家文化数字化战略有关要求，将国家公共文化云逐步接入国家文化大数据服务体系。

作为国家公共文化服务的集聚、调度与大数据平台，国家公共文化云需要整合聚拢全国公共数字文化资源与数据，与各级各地公共文化机构及第三方公共文化应用的对接工作是其日常工作的重要组成部分。为此，文化和旅游部全国公共文化发展中心编制了与国家公共文化云相关的行业规范，主要包括：《国家公共文化云对接标准和规范》《国家公共文化云平台标准规范1：数字资源知识组织分类标准规范》《国家公共文化云平台标准规范2：数字资源唯一标识符规范》《国家公共文化云平台标准规范3：数字资源加工格式规范》《国家公共文化云平台标准规范4：数字资源元数据标准规范、交换标准规范及著录规则》《数字文化馆资源和技术基本要求》《国家公共文化云对接技术接口详细说明书》《国家公共文化云用户授权登录接口规范V3》《基层公共数字文化服务推广项目实施方案编写大纲》《国家公共文化云内容审核制度》。

国家公共文化云平台的使用指南主要包括：《机构用户直录播申请操作》《国家公共文化云平台机构用户操作手册V3.0》《场馆管理模块操作说明》《登录注册模块操作说明》《活动管理模块操作说明》《机构用户认证模块操作说明》《视频管理模块操作说明》《文化点单模块操作说明》《资源审核模块操作说明》《国家公共文化云App＆微信端操作手册说明书》。

其五，积极开展社会共建共享工作。为深入传承中华优秀传统文化，弘扬中国民族音乐，中央民族乐团与文化和旅游部全国公共文化发展中心达成战略合作，以全国各级文化馆（站）为主要阵地，联合共建"中国民族音乐普及推广中心"，于2022年5月17日在"国家公共文化云"设立专区并正式上线（见图3-4），标志着首个国家级艺术院团（中央民族乐团）正式入驻国家公共文化云，开创了国家艺术院团和国家级公共文化机构战略合作、助力全民艺术普及的先河。

图3-4 "国家公共文化云"——中国民族音乐普及推广中心专区

首批入选获评中国民族音乐普及推广中心的单位有10家，即北京市海淀区文化馆、山西省晋城市群众文化发展中心、内蒙古自治区鄂尔多斯市文化馆、吉林省吉林市群众艺术馆、江苏省苏州市公共文化中心、湖南省长沙市群众艺术馆、广东省东莞市文化馆、四川省成都市文化馆、云南省文化馆、陕西省汉中市群众艺术馆。同时，在"国家公共文化云"首页还专门为"中国民族音乐普及推广中心专区"设置了醒目入口，专区设置有"工作动态、央团集萃、国乐经典、民乐学堂、各地风采"五个栏目，动态展示全国各地民族音乐普及推广的最新进展，重点汇聚中央民族乐团民族音乐精品，持续传播民族音乐经典作品、培训课程与基础知识，全方位展示各地推广中心工作成果。

此外，在文化和旅游部公共服务司、艺术司的指导下，2022年5月23日，中国煤矿文工团专区也在国家公共文化云正式上线（见图3-5），专区以为基层群众提供更多优质公共文化产品和服务为目标，常态化推送文工团创作动态、优秀剧（节）目、艺术家授课、名家艺术分享等群众需要的服务，让"文艺轻骑兵"的旗帜飘扬在"云端"。

图3-5　"国家公共文化云"——中国煤矿文工团专区

专区设有"文艺轻骑兵""云上大舞台""原创演播厅""名家大讲堂""艺术分享会"五大栏目。其中，"文艺轻骑兵"栏目主要发布中国煤矿文工团的新闻资讯，如文工团的演出预告、线上直播、云端展播等最新情况，以及文工团开展的一些示范性的惠民演出活动进展；"云上大舞台"栏目主要发布文工团话剧团、歌舞团、说唱团、民乐团负责人和艺术家等的精品剧（节）目；"原创演播厅"栏目主要发布中国煤矿文工团的精彩原创内容，有舞蹈、歌曲、小品、器乐演奏、朗诵等。

中国煤矿文工团艺术品种多、演出形式丰富、人才多元，是典型的"文艺轻骑兵"，其在"国家公共文化云"专区首批上线的作品有入选"庆祝中国共产党成立100周年舞台艺术精品创作工程重点扶持作品"的音乐诗剧《血沃中华》片段赏析、原创歌曲《奋斗吧，追梦人》、相声《小区歌唱家》等，还有小品、舞蹈、器乐演奏、朗诵等众多原创作品。

国家级文艺院团入驻"国家公共文化云"，创新了二者之间的合作与共建机制，为推动公共文化服务高质量发展做出了积极有益的探索，形成了全民艺术普及引领示范效应，可以有效增强群众的文化获得感、幸福感。

另外，"国家公共文化云"通过整合"汇文采"版块，承担了协调搭建全国及区域性公共文化和旅游产品推广采购平台职能（见图3-6），由文化和旅游部全国公共文化发展中心牵头成立由12个省级文化和旅游行政部门参加的全国文采会联盟，具体指导开展了京津冀、长三角、大湾区、成渝地区等区域性文采会。

图3-6 "国家公共文化云"——公共文化和旅游产品推广采购平台

其中，2020年8月至12月成功举办了"首届全国公共文化和旅游产品云上采购大会"，通过"国家公共文化云"的直播平台，3小时不间断带领观众一同云上逛展。同时，活动执行单位东莞市文化馆特别开通了"东莞文采会""云上文采会"抖音话题引流，并请东莞新晋网红"非遗小姐姐"在直播间进行各类文创产品的直播带货；东莞原创非遗服装展演也通过广东广播电视台触电新闻端，广东卫视抖音、快手、哔哩哔哩、微博5个平台参与直播，同步分放①。

据了解，"十四五"期间，国家公共文化云将以"中国民间文化艺术之乡"评审命名、开展"民族民俗文化旅游示范区"试点工作、国家公共文化服务体

---

① 面向十四五，共享文化新时代——首届全国公共文化和旅游产品云上采购大会交流展示活动在东莞开幕［OL］. https://www.culturedc.cn/trade/notice-details.html?detailId=10033727.

系示范区创新发展复核、全国文化馆评估定级等工作为抓手，推动各地乡村公共文化建设升级；以"乡村公共文化空间设计展示活动"为契机，开辟新的乡村文化空间；用好"乡村网红"培训计划，挖掘一批乡土文化人才，以文旅融合促进乡村振兴①。同时，根据中共中央办公厅、国务院办公厅印发的《关于推进实施国家文化数字化战略的意见》的部署，努力推动国家公共文化云成为公共文化服务领域第一品牌，继续推进全民艺术普及资源总库纳入中华文化数据库，全面融入国家文化数字化战略。

3. 推动基层公共数字文化服务加快转型升级

基层文化馆（站）数量庞大，包括 3316 个区县级文化馆、4.02 万个乡镇（街道）综合文化站、57 万多个村级综合性文化服务中心，这些机构普遍缺乏数字化服务手段。在文化和旅游部公共服务司的指导下，针对基层公共文化机构数字化基础薄弱、无专业技术人员、数字化资源不足等问题，发展中心以国家公共文化云为基础，于 2021 年建设了公共文化云基层智能服务端，旨在面向基层文化馆（站）等基层公共文化和旅游服务单位，提供"一站式"快速免费的建站工具（见图 3-7）。

"公共文化云基层智能服务端"以国家公共文化云为总平台，以基层文化和旅游公共服务机构为主要用户，采用云端一键式智能部署先进技术，以"看直播、享活动、学才艺、订场馆、读好书、赶大集"为核心服务功能，突出基层特色与个性化服务，实现基层公共文化的智能化数字化建设、管理、应用与效能评估。"公共文化云基层智能服务端"具有以下特点：一是简单、快速、准确。可视化在线编辑，所见即所得；快速创建站点，无需编程基础；海量公共文化行业组件可供选择。二是多站点、多终端。针对不同终端创建并管理多个站点，PC 网站、H5 微网站、微信小程序等。三是集中运维、统一运营。集中化运维，无须负担运维成本；统一化运营，相同资源多站发布，并提供代运营服务。

---

① 白雪华，韩业庭.用数字化赋能公共文化服务［N］.光明日报，2022-04-26（005）.

图 3-7 "国家公共文化云"——公共文化云基层智能服务端

"公共文化云基层智能服务端"采用基于 jQuery、bootstrap 等的前端技术封装低代码模板引擎，支持 PC 端和移动端服务设计，通过内置多种组件，实现了基层用户可在浏览器通过在线拖拽的方式实现技术配置，涵盖发布直播、活动、资讯等文化馆（站）数字化服务业务功能，能有效丰富基层文化馆（站）数字文化服务内容。全国无自有数字化服务平台的文化馆（站），均可利用该平台一站式创建本单位公共数字文化服务平台，有效提升其公共文化服务效能。上线一年来，全国有 23 个省份 547 家单位利用基层智能服务端搭建了本地服务平台，汇集资源 57637 条（其中，原创资源数 29837 条、拉取其他站点资源数 14418 条、拉取国家云资源数 13382 条），访问量 204 万余人次。

可以说，"国家公共文化云"的建设，使公共数字文化服务重心从面向机构的网站服务，转向为面向公众的移动端服务，极大地提升了公众对公共数字文化服务的感知度和满意度。

三、地方公共文化机构的数字化实践

（一）马鞍山市文化馆数字化建设

"一站式"数字文化服务平台建设是开展公共数字文化应用的重要方式，推动着公共文化服务的与时俱进。而实体空间的数字文化拓展则有助于拓展公共文化服务功能，可使公众能够以空间为依托具身参与相应的公共文化活动，获得感官体验与心理认同，以提升公共文化服务效能。为进一步了解公共文化机构数字文化资源发展水平与服务平台建设现状，项目组于 2021 年 5 月 13 日赴安徽省马鞍山市文化馆进行了调研。参与此次调研的项目单位是中国艺术科技研究所、文化和旅游部全国公共文化发展中心、南开大学、中国传媒大学、西北大学、西安工程大学。项目组主要调研了马鞍山市文化馆的馆藏数字资源建设和公共服务数字化发展基本情况，具体包括政策支持与经费投入、数字文化资源共建共享、版权保护、数字资源服务平台技术建设、社会需求，以及数字化发展的问题、经验和对未来发展的设想等内容[①]。

1. 马鞍山数字文化馆建设的基本情况

马鞍山市文化馆成立于 1955 年，现馆建成于 1971 年，馆舍建筑面积 5600 平方米，广场使用面积 3500 平方米；内设文艺部、美术摄影部、培训部、非物质文化遗产保护部、信息技术部、办公室、社会工作部和市文化志愿者协会秘书处等机构；2008 年、2011 年、2016 年，该馆三次被文化部命名为国家"一级文化馆"；2015 年，被文化部列为全国首批十个数字文化馆试点单位之一。

作为首批国家公共文化服务体系示范区和国家公共文化服务标准化试点城市，马鞍山市文化馆自 2014 年 7 月启动数字文化馆方案设计、论证和评审等工作，数字文化体验馆于 2015 年 1 月开工建设，历经一期开发、二期升级，2015 年 11 月正式建成并对公众免费开放。以此为契机，马鞍山市文化馆持续创新，不断丰富数字文化服务内容，在拓展体验馆服务内涵、探索服务方式的同时，积极开展数字文化线上服务，并结合当代文化传统与特色，不断创新文化馆的数字化、智能化建设，为公众提供更多优质、快捷、实惠的公共文

---

① 相关数据资料通过课题组实地考察、文化机构官方网站查询等获得，参见"文旅马鞍山公共数字文化服务平台"官网：http://www.wlmas.com/mas/user_index#firstPage。

化服务。

2. 马鞍山数字文化馆的创新实践

（1）线上服务平台建设

通过互联网提供数字文化服务，目前主要的服务功能包括以下方面：

文旅马鞍山：平台共有"文化约""文化通""文化游""文化购"四大版块（见图3-8）。其中"文化约"包含：文化活动、预约点单、场馆预订、数据监控、四单工作法。"文化通"包含：非遗传承、艺术培训、志愿服务、共享精品、图书阅读、本地资源。"文化游"包含：A级景区、美好乡村、农家乐、星级酒店、旅行社。"文化购"包含：电影院线、剧院演出、书画精品、非遗产品、旅游商品、优秀剧目。截至2021年5月，文旅马鞍山累计线上用户注册量为6475人，累计服务次数5473次，累计资源建设405条，包含视频、音频等多媒体数字文化资源。

文旅天下：平台旨在公共文化领域构建一个具有推广价值和科学依据的新型管理模式，形成以文旅数据为驱动的公共文化服务体系，并结合创新的文旅积分模式，打通线上线下文旅用户和商家，提供全面的文化服务、文化共享、文旅事业、文旅消费等文旅融合的新型服务。其中，通过多种线上活动，提高用户对公共文化活动的参与度，以文旅积分为纽带，形成高黏性的用户关系群；用户通过参与公共文化活动，或点赞、留言、分享等方式获取线上文旅积分，通过文旅积分免费兑换众多精美礼品。用户还可一键预约公共文化场馆资源，享受全天候、无限制的预约方式，涵盖全市范围内所有公共文化服务活动，上至市级、下到基层，将最新的公共文化服务活动一网打尽。文旅天下累计线上注册用户158509人，累计线上活动发布30747场。

文旅绩效：平台是马鞍山市基层公共文化考核专用小程序，共分为"121616"和"114861"两个考核类别，分别对村/社区、乡镇进行公共文化服务考核。各级公共文化两管员通过指定账号登录后方可进行本季度公共文化活动数据上报，非系统内用户无法使用此小程序。

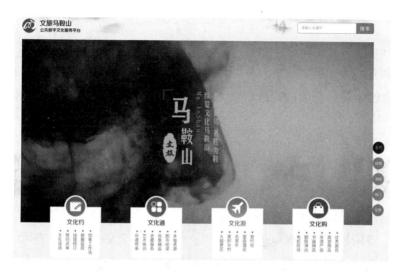

图 3-8　文旅马鞍山公共数字文化服务平台

"121616"数据考核：基层公共文化服务按每月一场电影放映，每半年举办一场演出，每季度组织一场培训，每年不少于 6 次的文体活动，形成一个特色文化品牌，每年不少于 6 次的阅读推广活动。"114861"数据考核：确保乡镇（街道）每月举办各类讲座、培训不少于 1 次；编办文化宣传橱窗不少于 1 期；每年组织综合性大型文化活动不少于 4 次；举办单项性文化活动不少于 8 次；开展文化下村活动不少于 6 次；形成 1 个特色文化品牌。

智慧语音导览系统：建立在全球定位、移动互联网等技术基础之上的智能导览，使马鞍山市数字文化馆区域导览电子化、智能化，该系统具有全程自动语音讲解，全面覆盖数字馆及非遗馆，结合文旅天下现有商城功能可以准确查询游览地附近食、住、行、游、购、娱信息。让用户获得全面、丰富的导游导览服务，实现把"导游装进手机里"，同时让手机成为游览地内的活地图，促进文旅融合进入一个新的阶段。

智能语音导览的建设不仅能帮助数字文化馆更合理地利用资源，高效进行管理，还能更好地服务观众，提供更健全的接待体验，提升数字文化馆的服务形象，语音导览作为展馆宣教的重要窗口，对智慧数字文化馆的建设发展具有重要意义。在数字文化馆配置了智慧语音讲解后，参观者可以不受导览员的约束而充分自由地了解感受馆内深厚的文化底蕴，深入体会各展区文化资源的丰富内涵。

全景式体验在线服务：马鞍山市文化馆网站的"文化馆全景在线体验"和"720全景旅游"，把文化馆、旅游景区搬到互联网，不仅让广大网民足不出户就能全方位了解马鞍山的特色群众文化和旅游资源，亦为实体参观、游览提供了便利。

文化志愿者远程辅导培训平台：该平台以市县区文化馆业务人员和文化志愿者为实施主体，以广大市民为辅导培训对象，通过互联网开展远程培训和辅导。市民登录该平台并以"学生"身份注册后，既可以在线观看马鞍山市文化馆自行制作上传的长达100多小时的舞蹈、书法、中国画、非遗保护、心理健康讲座、器乐教学等专题电教片，亦可点击进入某个文化志愿者老师的在线课堂，就文化艺术相关知识、技能进行即时咨询、问询和接受培训，实现了一对多和多对多的远程培训功能。

体验互动大数据统计分析系统：为更好地反映市民在数字文化体验馆中参与互动体验的行为和喜好，马鞍山数字文化馆在体验馆的出口处分别设置了电子问卷调查表、电子签名留言触摸屏，同时在出入口处均设置电视大屏，通过运用大数据统计分析技术，实时显示体验馆每日进馆人数、各项互动体验人数、各展项资源的微信分享人数、体验点赞人数等相关数据信息，从而为文化管理者和技术人员提供参考。

（2）线下体验馆建设

马鞍山市文化馆在国内率先开展数字文化馆建设工作，系全国首批十个"数字文化馆"建设试点项目之一。数字文化线下体验馆于2015年1月在马鞍山市文化馆正式开工建设，9月建成并试运行。马鞍山数字文化体验馆建筑面积660平方米，内设有文化驿站、渊源流传、大师指路等区域，通过虚拟场景、裸眼3D、全息投影、影像捕捉和微信分享等现代技术手段，将诗城文化信息展播、诗词吟诵互动、非遗民俗展示、美术书法临摹、电影主角互唤、戏剧场景模拟、器乐即时培训、舞蹈体验学习和在线远程辅导等有效融合。

文化驿站：此区域放置了公共文化服务一体机和文化信息共享工程·中国文化网络电视，为参观者提供点播服务。公共文化服务一体机不仅载有文化共享工程的海量音视频和图片资源，还增加了马鞍山市文化馆自行开发上传的集本地原创音视频和图书的"马鞍山文化"。市民通过一体机自带的 Wi-Fi，既可下载感兴趣的数字资源，亦可将资源分享至朋友圈。

渊源流传——诗词吟诵互动：此项目结合"诗城"马鞍山的文化渊源设置，运用 LED 大屏展示历史文化名人在马鞍山留下的著名诗词，参观者不但可以隔空点击收听诗歌朗诵，观看诗词对应的视频画面，查看诗歌的写作背景、诗人介绍、诗词赏析等，还可以"点赞"和扫描二维码下载、分享。该项目可同时供 8 名参观者进行诗词点击欣赏，而在无人体验时，则会循环播放马鞍山的由来及本地著名的旅游景区图片、简介、门票价格等信息，向民众展示本地的旅游文化，还可播放文化馆最新文化动态、文化地图、天气等便民服务信息。

民俗风情——非遗民俗展示：该系统由两块屏幕组成，下方小屏为可触控操作屏，参观者可在该屏浏览、选择非遗民俗项目，播放内容会实时投影到上方大屏，参观者可通过大屏观看不同类型的非遗代表性项目视频和安徽历史文化名城宣传片，对感兴趣的视频资源可扫描二维码下载、分享。

大师指路——美术书法临摹：该系统由两块屏幕组成，下方为可触控操作屏，参观者可在该屏选择不同的字帖、字体，并选择不同粗细的虚拟毛笔，参照字帖摹写文字，所写文字能够实时在大屏中显示，亦可自由书写创作书法作品。完成后，可扫描二维码下载。

超级主角——电影主角互换：借助该互动项目提供的多个经典电影和数十个美图场景，以及数字抠像技术和动态图像融合技术，体验者既可用自己的形象和动作替代电影主角来"参演"经典电影，亦可参加著名历史文化景点的剧照拍摄。体验者可以将最终生成的趣味短片下载。

经典再现——戏剧场景模拟：此项目与"超级主角"类似，体验者能够亲身穿上现场提供的戏服，通过屏幕跟名家学习黄梅戏，并能够录制自己的演唱视频，还能通过扫描二维码下载。

舞动青春——舞蹈体验学习：此项目采用了体感动作捕捉技术，体验者可跟随屏幕中播放的教学视频进行舞蹈学习，动作会实时在屏幕中显示，体验者可与教学视频对照，修正自己的动作，还可跟着系统提供的舞曲进行自由舞蹈，系统同时也对体验者的舞蹈进行全程录制，以供体验者下载。

指尖天籁——器乐即时培训：该项目采用了动作红外感应技术，体验者通过手部动作虚拟弹拨"光弦琴"，数字虚拟乐器根据体验者动作实时发出相应音阶，以实现乐器演奏的虚拟体验。

在线远程辅导培训教室：马鞍山市文化馆数字文化体验馆的辅导培训教室，不但可实现中心馆培训在各分馆的实时在线直播，同时还能将这些培训视频进行录制，上传到网站供公众回溯学习观看。在线辅导系统能够实现专职教师和基层文化工作者的视频交流互动，并随时进行业务辅导培训。

3. 马鞍山市数字文化馆建设的主要成效

（1）服务方式的创新。马鞍山市数字文化馆的建设，使传统的文化馆从实体空间拓展到虚拟空间，成为"没有围墙的文化馆"。通过从线下具身体验到线上扫码分享，开拓了文化服务的新路径，改变了信息化时代文化馆免费开放的形式，创新了服务方式和手段，拓展了传播途径，使地域特色文化的传播从"宣教灌输式"升级到"私人定制式"，激发了青年人走进文化馆的热情，创新了传统意义上的文化馆服务模式。

（2）服务效能的提升。马鞍山市数字文化馆的建设，使传统文化馆的阵地服务、流动服务得以有效延伸。线上服务平台、文化有约、远程辅导、网上展厅、视频点播等功能的强化，实现了文化馆全天候、不间断服务，扩大了服务半径，延长了服务时间。通过互联网长期征集和反馈社会公众的文化需求，使得文化馆在供给侧改革方面亦实现了新突破，进而提升了文化馆的服务效能。

（3）数字服务技术的应用与探索。马鞍山市数字文化馆的建设是马鞍山市现代公共文化服务体系建设的重要内容之一，亦是推动文化创新和公共文化服务标准化、均等化的重要项目。通过整合文化馆、图书馆、博物馆数字资源，实现共建共享，为社会公众提供"一站式"的数字化服务平台，有利于文化馆充分发挥在宣传教育、群众文艺创作、文艺培训、非遗保护等方面的基础性作用，有利于文化馆通过现代科技和传播手段拓展公共文化服务空间，顺应新生代群体对文化馆的新期待，为满足公众多样化的文化需求而探索新路径。

（4）人才队伍结构的锻炼与完善。马鞍山市数字文化馆的建设、管理和运维，促进了文化馆的人才队伍结构的锤炼和完善。其中，信息技术部门的成立与数字文化馆的建设同步推进，使得信息技术、计算机应用和影视编导人才等亦成为文化馆的骨干业务人员。如信息技术部门的人员需承担体验馆的日常开放、平台信息发布与运维，负责群众文化活动的音视频采集、编辑、上传等工作，因此初步形成了一批提供数字文化服务的人才队伍，进而整体上亦更新与完善了文化馆的人才队伍结构。

通过调研，项目组成员了解了马鞍山市文化馆在我国数字文化馆建设中的先行、开创、示范和引领作用，借鉴了其在公共文化资源数字化建设、共建共享实践方面的经验，但也发现了其仍存在进一步提升的空间，如公共文化服务的供需匹配度有待提高、公众需求表达不足、公共数字文化资源版权问题等。在后续研究中，项目组将结合调研情况，进一步探索现代信息技术在文化馆中的应用，创新文化馆服务方式和手段，提升公共文化馆服务效能，改善服务质量；深入开展项目研究，推进智能管理平台关键技术在马鞍山市文化馆的示范与应用，以实现公共文化服务的多元化、精准化，推动公共文化智慧服务体系建设。

（二）四川省图书馆、成都图书馆、成都金沙遗址博物馆数字化建设

公共文化服务是丰富人民群众精神文化生活的重要方式，公共文化服务如何高质量发展，既关乎"十四五"发展时期公共文化服务体系建设的方向，也与党的十九大确立的 2035 年"基本公共文化服务均等化基本实现"中期目标息息相关。为进一步了解公共文化机构数字文化资源发展水平与服务平台建设现状，项目组于 2021 年 4 月 20 日至 24 日赴四川省图书馆、成都图书馆、成都金沙遗址博物馆进行了调研。参与此次调研的项目单位是中国艺术科技研究所、中国国家图书馆和南开大学。项目组主要调研了三家单位的馆藏数字资源建设和公共服务数字化发展基本情况，具体包括数字文化资源共建、数字文化资源对外开放共享情况、数字文化资源版权保护、数字文化资源服务平台技术建设、公众对数字文化资源和服务的需求，以及数字化发展的问题、经验和对未来发展的设想等内容[①]。

---

① 相关数据资料通过课题组实地考察、文化机构官方网站查询等获得。参见金沙遗址博物馆官网：http：//www.jinshasitemuseum.com；四川省图书馆官网：http：//www.sclib.org/index.htm；jsessionid=E73BC60BD259915F8DE77FCB786906F0；成都图书馆·成都数字图书馆官网：https：//www.cdclib.org；四川博物院官网：http：//www.scmuseum.cn。

1. 公共数字文化资源建设基本情况

（1）金沙遗址博物馆。在数据采集与文物保护方面，建立了全面的遗址和精品文物保护数据库，包含遗迹馆、精品文物的高精度三维数据，博物馆360°全景数据，所有馆藏文物的二维高清图像，遗址区高清航拍等数据的采集与加工工作。同时建构了覆盖全馆的文物保护环境监测系统，并建立区域监测中心实时掌握和展示文物的保存环境状况。这些数据主要应用于网站、云观展平台、客户端、微信微博等线上展示、服务与宣传等。

在业务管理方面，建设"智慧金沙"综合信息管理平台。一是，建成综合工作门户，为业务人员提供统一访问入口，并通过"钉钉"的二次开发集成重要业务流程，实现移动端办公。二是建成以协同办公、项目管理、内控管理为主的业务协同一体化系统，使博物馆日常业务工作都能在线上流转。三是建成以藏品管理、数字资源管理、文物自动三维建模、博物馆运营管理为主的核心数据资源共享体系，实现了各类数字资源的多方汇聚和联通共享。四是根据业务需求建成陈列展览可视化管理系统、图书资料管理系统、视频发布系统、网络信息安全分析监控等。五是建设统一数据标准与技术接口的文物数字化保护应用总线，通过总线实现系统交互，并汇聚各类业务数据进行可视化呈现。

（2）四川省图书馆、成都图书馆。在数字资源建设方面，图书馆主要通过"采购"和"自建"两种渠道进行，如成都图书馆常年采购超星电子书、万方数据库、CNKI数据库、龙源期刊等深受读者喜爱的数字资源，特别是新增了雕龙中日古籍全文资料库。四川省图书馆、成都图书馆均在整理馆藏资源的基础上自建了多个地方特色数据库。

四川省图书馆在"数字馆藏"门户中创建了"独联体阅读平台""云阅读平台""微信服务号数字资源"等，在"自建资源"中创建了具有地方特色的"多媒体数据库"，包括"绵竹年画资源库""藏族唐卡资源库""四川清音资源库"等。成都图书馆的数字资源主要内容包括电子书刊、教育学习、学术资源、外文资源、少儿资源、音乐艺术和试用资源。其自建了多个地方特色数据库，包括蜀风雅韵——成都非物质文化遗产数据库、锦城讲堂讲座视频库、锦绣成都——成都地方文献数据库、成都老照片数据库等。自建数据库容量共计20TB，其中锦城讲堂讲座视频库含成都图书馆自录讲座视频600余场，可在线播放；成都老照片数据库收录了成都图书馆征集的 3000 多张存储了成都历史记忆的老照片。

2.公共数字文化资源共享平台建设情况

（1）四川省图书馆。现有数字资源平台：数字馆藏门户（图创）、知识门户（超星）、微信小程序川图云阅读平台（湖南省图书、四川云图公司）、微信端在线阅读模块。2020 年年底统计对读者提供服务的数据库共计 78 个。提供电子图书 4208335 册、电子报刊 34049 种、视频资源 150616 小时、音频资源 199831 小时、论文 4435227 篇以及其他海量学习资源供免费阅览。2020 年，数字资源访问总量达 5643394 人次，其中 PC 端访问量 4227551 人次，移动端访问量 1415843 人次。PC 端数字资源服务平台"数字馆藏门户"共登录 123249 人次，读者在线时长约 25 万小时。

（2）成都图书馆。成都市公共图书馆数字资源共享平台的存储层拥有服务器 27 台，存储容量 300TB，数字资源本地存储量超 120TB，包含数字资源 37 大类。应用层主要包括 Interlib 图书馆集群管理系统、书目检索平台、统一检索平台、成都市公共图书馆数字资源共享平台、微信公众号服务平台、讲座视频点播平台、RFID 管理平台、大数据综合展示系统、OA 办公平台等。网络层采用中国电信 540M 光纤宽带，且与国家图书馆和四川省图书馆构建了 VPN 虚拟专网。其中，电脑端数字资源库主要引进国内主流数据库，通过 SSO 平台，为读者提供全方位的数字资源服务；手机端数字资源库引进各类数字文献类（含有声文献）数据库，为读者提供手机数字阅读服务。此外，大数据智慧墙展示系统还将馆内业务服务数据，包括读者的借还数据、馆内公告、活动预告、借阅排行榜、读者注册统计等多种实时服务数据发布在大屏幕、网站、微信等平台，多渠道向社会公示成都图书馆的服务数据。

（3）金沙遗址博物馆。现有馆藏文物 2976 件（套），包括金、铜、玉、石、陶、漆木器、骨角牙器等器类，全部完成高清二维图像拍摄，完成 60 余件精品文物的三维数据采集；完成遗迹馆 7688 平方米的遗址现场高精度三维数据采集。在网站服务平台的可发现性与易用性方面，公众可通过域名访问，网站针对不同的社会需求提供特色服务，基本能满足读者需求。

在馆藏资源数字化采集、存储、加工的技术应用与标准方面，主要包括

《馆藏文物登录规范》（WW/T 0017-2013）、《博物馆藏品信息指标著录规范（试行）》、《文物藏品档案规范》（WW/T 0020—2008）等。此外，作为智慧博物馆试点单位，金沙遗址博物馆参与了由中科院上海高等研究院主持编制的藏品信息管理系统、文物三维数据采集等标准规范的编制（尚未发布）。馆藏资源数字化知识产权，归金沙遗址博物馆所有，对于普通精度视频、宣传照片等非商业用途的可直接授权使用；三维模型文件非商用的则签订保密协议；其他用于文创产品开发等商业用途的情况，则由文创公司统一授权。

在平台建设技术设备购置、网络运维方面，建设有自己的机房，拥有服务器 8 台，存储器 1 台，采取私有云架构，内部系统部署在本地机房，设有防火墙、病毒防控、入侵监测等机制，公众服务系统部署在阿里云。在技术团队方面，成立专门信息与科技部门，共有 5 人，项目管理、网络与硬件维护、网站小编与数字资源管理、系统填报与部门资料整理各 1 人，系统运维基本交由外部公司进行。

在博物馆数字化资源与社会共建共享方面，主要聚焦在宣传推广、文创营销等领域，如城市形象、对外宣传、文创开发等。

3. 公共数字化服务情况

（1）成都数字图书馆·成都市公共图书馆数字资源共享平台

为更好地提升公共图书馆的服务效能，成都市专门建设了"成都数字图书馆·成都市公共图书馆数字资源共享平台"。该平台不仅面向全市 21 个区（市）县公共图书馆的注册读者免费开放，2019 年又实现了持成都市社保卡免注册使用的便捷服务。通过共享平台，全市公共图书馆读者和成都市社保卡持卡人均可使用 37 大类、120TB 的数字资源，并能通过跨库检索系统进行数字资源统一检索，"一站式"检索共享平台内的所有数字资源，改变了过去查找资源必须每个数据库单独检索的局面。

调查显示，2019 年成都数字图书馆首页点击量 439643 次，实现连续两年增加，增幅分别为 12.60%、12.15%。数字资源登录量也持续保持上升趋势，两年增幅分别是 12.42%、27.47%。数字资源下载量在 2018 年小幅下降后，2019 年又上升 25.19%。整体来看，成都数字图书馆的使用情况基本保持稳定上升趋势。

（2）成都图书馆微信平台

读者只需在成都图书馆微信服务号上绑定读者证或在线注册以后，便可"一站式"享受使用数字资源、查询书目信息、跟踪预约进度、查阅借阅记录、生成二维码读者证、设置图书到期提醒、缴纳逾期费等全方位服务。与数字图书馆网站相比，微信还具有生成二维码读者证、缴纳逾期费、获取个人阅读报告单等特色服务功能。调查显示，2019 年，微信平台点击量为 412450 次。其中，图书续借和书目检索是微信点击量最高的功能，点击量分别为 136530 次、106610 次。

（3）成都图书馆传统服务数字化

成都图书馆数字化服务的另一个重要功能是对图书馆传统服务提供数字化支持，使读者更方便地使用传统服务。成都图书馆主要通过以下手段为传统服务提供数字化支持：1）通过二维码读者证、接入"天府市民云"系统、支付宝注册、自助办证机等手段为传统注册服务提供支撑与补充，使读者能更为便捷地成为图书馆用户。2）通过在线书目（OPAC）、跨库统一检索平台、成都市公共图书馆数字资源共享平台、元数据搜索引擎等新技术的应用，更深层次地揭示馆藏资源之间的关联性，使读者能"一站式"在所有馆藏资源中检索到所需信息，节省读者在信息检索方面的时间与精力。3）设立 24 小时街区自助图书馆、电子书借阅机，利用微信公众号提供缴纳逾期费、图书续借、跟踪预约进度、查阅借阅记录、图书到期提醒等服务，成为传统借阅服务的有益补充。4）通过活动报名系统、生成个人阅读报告单等特色服务功能，为传统阅读推广服务提供高效的数字化支撑。5）开展网上参考咨询、远程文献传递、智能在线咨询等微服务，成为传统咨询服务的有效补充，使市民更便捷地获取所需知识与信息。

（4）金沙遗址博物馆智慧融合服务体系

第一，建设了大众版、青少年版、学术版、英文版等多版本官方网站，实现分众传播。第二，推出智能售检票系统，实现博物馆全网预约购票，疫情期间将测温、读取身份信息与检票集成，在保障安全的同时能让观众快速入馆。第三，推出多元化的参观导览服务，开发了智慧金沙导览系统、"再现金沙"VR 眼睛、"创意金沙"AR 互动、知识驿站、"考古时空门"祭祀区虚拟漫游、"金沙祭祀"沉浸式体验等项目，深挖遗址和展品背后故事，为游客开启高品质的轻松"文化之旅"。第四，打造集线上展览、虚拟导游、三维文物展示、视频与直播于一体的中英文云观展平台，制作大量以金沙文化为主题的数字化内容。第五，通过会员管理系统和志愿者管理系统，加强博物馆与观众的沟通与交流。

在数字资源对公众开放共享方面，金沙遗址博物馆推出了谷歌艺术计划、百度百科数字博物馆，共享80余件精品文物。在官方网站、云观展平台上常设近年来临展的360°全景；藏品信息管理系统与网站互联互通，与观众共享精品文物的详细信息，包括20余件文物的三维数据；学术版网站与超星合作，共享古蜀文明研究成果。在数字化展陈方面，开馆时即拥有一些数字化项目，如定向查询、触摸屏、沙盘与投影、幻影成像、电子书、4D电影等。

关于未来的公共文化智慧服务体系建设，金沙遗址博物馆在智慧化建设时进行了统一的顶层设计，包含智慧管理、智慧保护和智慧服务三个方面，同时构建了统一的系统互联与数据交换标准。目前基本建成了综合信息管理平台、文物保存环境监测平台、观众服务体系等。在后续工作中，将主要在使用过程中对系统进行进一步优化和提升，并通过使用情况进一步梳理数据间的关系，实现数据的关联分析和有效利用；同时将根据遗址和文物的高精度数据，对数字文化资源进行进一步挖掘，丰富展览内容，以提升社会公众的文化体验。

通过此次调研，项目组成员了解了当前公共文化机构文化资源数字化发展的水平和平台建设现状。在后续研究中，项目组将结合调研情况，进一步探索通过科技手段提升公共文化机构的服务效能，改善服务质量，深入开展公共文化资源的开放共享智能化平台研究工作，以实现公共文化服务的多元化、精准化，推动公共文化智慧服务体系建设，为顺利推进"公共文化资源智能共建共享与管理平台关键技术研究"的项目任务夯实基础。

第三节　经验与问题

一、国外公共数字文化资源共建共享实践经验借鉴

综观国外公共数字文化资源共建共享实践，在诸多方面均取得了重要的成果，而这将为处于探索阶段的我国公共数字文化资源共建共享模式的构建提供可资借鉴的经验和启示。

（一）完善共建共享实践的协作机制问题

国外公共数字文化资源共建共享实践基本上整合了不同公共文化机构的数字资源，并不会因保管机构的不同而在数字文化资源共建共享过程中人为地将其割裂，而是将各文化机构均作为资源共建的协作主体，以为公众提供一站式的文化资源获取。如世界数字图书馆（WDL）旨在让全球用户均可通过互联网渠道获取内容资源，Europeana 的所有资源均可在全球范围内免费获得，并持续通过优化版权方案开放更多资源，通过社交网站、设计服务 App 等多种方式贴近用户需求，通过向创意产业的渗透为传统文化注入新活力，通过给用户提供数字文化服务，期望能用文化的统一性来推动用户意识的同一性，进而增强凝聚力和认同感[①]。

公共数字文化资源共建共享的本质是将互联网技术应用于公共文化服务领域，在未来发展中，我国公共数字文化资源共建共享项目应更多融入开放共赢的互联网思维，创新建设理念，打破机构间壁垒，在全国范围内搭建一个广泛参与的分布式平台，使各种资源在开放的环境下根据一定的规则实现共享，同时允许用户通过各种应用获取和共享资源，通过开放标准、开放技术、开放服务实现数字文化资源的可持续发展。

（二）拓宽社会力量参与渠道，提升供需匹配度

公共数字文化资源共建共享需要大量人力、财力、物力的持续性投入，社

---

① 唐义.我国公共数字文化资源整合模式研究［M］.武汉：武汉大学出版社，2017：130.

会公众参与可以促进政府和公众之间的双向互动与交流，有效缓解公共数字文化服务供给及公共文化需求之间的矛盾①，因此在实践过程中需要寻求相关支持路径。当前，我国已实施了公众参与公共文化服务的政策，但除政策手段之外，也可通过宣传、开展文化活动等方式根除部分公众存在的狭隘的资源共享观，树立享受文化权利及全民共享公共数字文化资源的思想观念，以提升大众在资源整合中的参与意识和参与程度。

国外公共数字文化资源共建共享平台如世界数字图书馆（WDL）的资金来源于不同的基金会、谷歌公司、微软公司等，而 Europeana 则设立开放的 Europeana 网络来吸纳大量的智力支持。因此，可在我国公共数字文化服务的网站上开设专门用于群众讨论的模块，为用户表达需求和想法提供平台，充分发挥群众智慧，借助群众的力量满足群众的需求，如在网站上设置基于众包技术的资源数字化建设活动，借助大众的力量丰富和优化数字资源；也可基于开放制度吸引公众参与决策，通过发布相关公告或者推送信息等方式向社会公众征求决策建议以此提供给公众表达需求的渠道，并将决策的过程公开化、透明化，便于群众行使监督权，增强社会公众的参与感，快速且准确地帮助网站平台掌握公众需求，以供定需；此外，还可以将数字文化资源嵌入创意活动中加强其与用户之间的交流互动，加深用户对与游戏相关的资源的探索兴趣，加强对该资源的理解等。

（三）注重社交媒体的运用与公众交流互动

在万物互联环境下，各种社交媒体迅速普及发展，国外诸多公共数字文化资源共建共享实践项目注重开通 Facebook、Google+、YouTube 等社交媒体账户与用户进行实时交流互动共享，倾听公众的文化需求，并积极鼓励公众参与实践，这有助于供给侧和需求侧之间的有效对接。此外，不同公众用户之间在共同的虚拟社交媒体中进行互动，进而对不同文化资源的学习心得进行充分交流，可以实现数字文化资源价值的最大化释放。

（四）共建共享实践中的新技术应用问题

公共数字文化服务离不开对技术的应用，只有将新技术同步融入于服务之

---

① 完颜邓邓，王文斐.公众参与公共数字文化建设的实践探索与推进策略［J］.国家图书馆学刊，2020（3）：94-103.

中，才能更高效地满足用户需求，应积极运用大数据等技术对平台产生的数据等进行解读，挖掘用户的偏好变化，及时调整资源的内容、类型，完善服务的种类、形式。此外，还需融合相关技术，寻求更为高效便捷的服务方式，从视觉、听觉等多个维度增强用户体验。

例如，利用 AR、VR 及 3D 可视化技术开展三维的展览活动，增强用户的视觉体验；同时也可以结合音频，增强用户的听觉体验，给用户带来一种身临其境的感觉；还可以运用相关信息技术对海量的数字资源进行二次挖掘加工和隐性知识的提炼，将资源转换成利用程度更高的数字资源，也可开展相关知识的管理活动，如语义描述、关联等，将其转换为更有价值的资源，实现资源的增值，使得用户获取更为高效和精准[①]。世界数字图书馆（WDL）按照时间线（timelines）与互动式地图（interative maps）提供资源可视化浏览服务，充分提升了公众的数字文化体验，同时也可增强数字文化资源的可理解性，这些国外的实践经验都是值得关注与借鉴的。

（五）共建共享实践的国际合作意识

随着我国经济飞速发展，国际地位和影响力逐步提升，越来越多的外国人开始学习和使用中文。我国的数字图书馆建设应确立跨国意识，建立中华地区中文资源共建共享的理念。如降低现有网站资源的可获取门槛，加大免费资源开放比重，使国外用户不必通过身份证等认证程序即可获取和使用资源；注重网站外语语种尤其是英文界面的建设，消除语言障碍。从更广泛的程度看，应拓展国际合作，在已有数字图书馆建设成果的基础上，联合世界各地中文文献、文化遗产机构，建设中文文化资源保存及服务平台。

例如，Europeana 在文化及信息传播方面有重要作用，通过互联网可将欧洲各国文化、历史珍宝在世界范围内共享，促进国际文化交流与合作，促进成员机构公共数字文化服务能力的提升和技术交流[②]。对此，我国应借鉴 Europeana 的经验，加强国家政府组织的领导作用，同全球各地区的图书馆、博物馆、档案馆开展合作。除日本、韩国等技术实力较雄厚的邻近国家外，东南亚国家普遍缺乏数字资源建设与管理的物质条件，我国应取长补短，在现有公共文化服

---

① 吕元智.基于场景的个性化档案移动服务模式探究［J］.档案学通讯，2019（5）：43-49.

② 汪静.Europeana 发展现状及启示［J］.数字图书馆论坛，2017（3）：46-53.

务成果基础上搭建资源整合的必要平台以提供资源建设标准，充分利用现代信息技术开展多媒体服务，联合具备条件的国家共同建设与共享中文数字资源。

（六）共建共享实践中的数字版权保护问题

国外在不同的项目中均采取了相关举措，如世界数字图书馆（WDL）在网站发布有《世界数字图书馆法律公告》以防止侵权与被侵权，包括一般免责声明、关于版权和收藏、隐私权政策等。Europeana通过制定《公有领域宪章》《公有领域使用指南》等政策来平衡各参与方的利益等①。

借鉴国际经验，加强版权法规建设，赋予公共文化机构在进行非营利性活动时有更多的法律例外权利；强化版权意识，注意保护数字文化资源共建过程中的知识产权问题；充分利用版权例外，最大限度地实现文化资源的共建与整合；加强协商，利用约定许可规避共建的版权风险；在共建共享过程中注意保护自身数据库资源的知识产权等②，这些举措均是我国公共数字文化资源共建共享实践顺利实施的重要保障。

二、国内公共数字文化资源建设面临的问题

在党中央关于构建现代公共文化服务体系的决策指导下，以坚持政府主导为基础，不断扩大社会力量参与，持续推进重心下移、共建共享，强化了公共文化服务的规范化、标准化和均等化，大大提升了公共文化服务效能③。经过多年的努力，我国公共数字文化服务体系建设已取得一定的成果，文化资源数字化规模和水平逐步提高、标准规范逐步完善，在一定程度上满足了社会公众的数字文化需求。但与当前我国经济社会发展水平、公众对美好生活的现实需要以及国家公共文化服务发展战略目标相比，公共数字文化服务体系建设仍存在诸多需进一步解决的问题。

（一）公共文化服务中的数字版权问题有待解决

数字化是公共文化服务的重要发展趋势，公共数字文化资源共建共享的核心在于对各种异构的数字文化资源的建设、融合、类聚与整合，以形成不同类

---

① 唐义.我国公共数字文化资源整合模式研究［M］.武汉：武汉大学出版社，2017：131-132.
② 高峰.公共数字文化资源整合中的数据库版权问题［J］.图书馆，2015（9）：11-16.
③ 金莹.智慧化：公共文化服务的时代转型［M］.北京：中国社会科学出版社，2020：60.

型和内容的数据库，最终为社会用户提供便捷的"一站式"数字文化服务。公共数字文化共享工程在实施过程中，承担着创作者、传播者和使用者的身份，其中涉及的数字版权问题贯穿于从数字资源建设到数字资源传递的整个过程[①]。虽说数字技术在公共文化服务领域的应用使社会公众均等、便利地享有公共文化服务成为可能，但同时也加剧了数字版权与公共文化服务之间的冲突[②]。因为在数字资源的共建共享过程中，原来存在于著作权人、数据库权利人、公共文化机构、最终用户等各相关方之间的版权平衡状态需要被打破，数字版权问题因此无法回避[③]。

　　例如，在公共数字文化资源共建共享过程中，数字作品的权属不清容易引发公共文化机构的数字版权危机。其中，数字技术改变了文化资源的生产方式和传播方式，使版权由作者专享的权利转变为由作者、传播者、销售者共享的权利，致使版权出现"权属不清"的问题。再如，公共文化机构复制、演绎数字作品的权利范围不清晰。提供网页浏览或链接、开发数字产品是常见的公共数字文化服务途径，但网页浏览会产生临时复制，链接不当会侵犯版权人的信息网络传播权，自建数据库、开发或演绎数字产品也会触及作者的版权或信息网络传播权。由于相关法律法规并未明确公共文化机构复制、演绎数字作品的权利范围，所以公共文化机构在提供相关服务时常常会卷入版权纠纷，而这些纠纷在复制权、发行权等数字版权权利内容急速扩张和融合的趋势下会变得更加复杂。另外，存在公共文化机构可以合理使用和法定许可使用数字作品的情形少、限制严等情况。在《信息网络传播权保护条例》中虽然规定了公共文化机构对数字作品的合理使用情形，但相关条款对使用地点、使用目的和可使用的作品范围进行了严格限制。《中华人民共和国著作权法》和《信息网络传播权保护条例》关于公共文化机构使用、复制或演绎数字作品的法定许可的规定较少[④]。

　　在我国现行的法律法规中并没有明确支持文化共享工程的版权条文，虽说

---

①　韩思奇.全国文化信息资源共享工程中知识产权的制度创新［D］.西北大学硕士学位论文，2014:27-33.

②　齐崇文.论公共文化服务中数字版权的实现［J］.出版科学，2017（5）：15-18.

③　高峰.公共数字文化资源整合中的数据库版权问题［J］.图书馆，2015（9）：11.

④　同②。

在《中华人民共和国著作权法》中规定图书馆等公共文化机构在资源复制方面拥有一定程度的"豁免权",但这仅局限于"为陈列或者保存版本的需要"而未对传播的方式与途径进行说明;在《信息网络传播权保护条例》中也只是将图书馆等收藏的数字作品的传播范围限定在"本馆馆舍内的服务对象",因此这些法规显然不适合公共数字文化资源共建共享实践的需要。

在信息化、数字化、网络化技术时代,数字版权纠纷案件时有发生,这使得著作权主体越发受到关注与保护的同时,也使公共数字文化共享工程的开展面临诸多困境,广大人民群众的文化权益与需求也随之受到一定的损害,压缩了用户合理使用的范围。如何平衡"私权"与"公益"之间的关系,促进公共文化服务中的数字版权实现已然成为当前公共文化服务领域亟待解决的现实问题,而数字版权问题是否得到有效解决则直接关系着公共数字文化资源共建共享实践的可持续发展。

版权保护一直以来就是文化产业的痛点,市场需要提供更便捷的确权方式,提高确权效率,大幅度提高内容产业运营水平。传统的版权保护申请周期长、费用高,而基于互联网的数字内容具有热点性强、时效性快、传播迅速等特点,因此传统模式已明显不适合互联网时代数字内容生产的需要,不能对网络数字内容进行有效的保护。

2022年5月,中共中央办公厅、国务院办公厅印发的《关于推进实施国家文化数字化战略的意见》明确指出,要"建立文化资源数据授权体系,引导法人机构和公民个人有偿授权"和"完善文化资源数据和文化数字内容的产权保护措施"。因此,如何实现公共数字文化服务中的数字版权,如何在版权法框架内对公共文化服务的法定许可体系制度予以完善,让公共数字文化资源共建共享实践发展能够得到有效的保障,这是构建现代公共文化服务体系过程中需要我国相关部门、专家学者和社会各界予以进一步考虑的问题。

(二)供给主体的多元化程度不够,需加强社会力量参与

我国公共数字文化资源共建共享实践项目在开展初期几乎全部都是依靠政府的力量,供给主体较为单一,社会力量参与较少。但是随着文化共享工程项目成熟度的日渐提高,则需要增强社会力量的参与(包括社会捐赠、社会公众提供的建议或意见、社会机构接受委托进行资源加工制作、社会志愿者服务

等）①，以实现供给主体的多元化。供给主体多元化有利于整合多方力量与资源实现对公共文化服务的网络治理②，提升公共文化服务效能。

纵观当前我国公共数字文化资源共建共享实践，政府事实上承担了公共文化服务供给的大部分责任，如制定发展规划、提供财政资金和设施、引进人才、建立保障措施、举办文化活动等，社会力量则通常是通过政府购买服务的方式参与公共文化服务活动及相关服务的供给，而依靠社会资本自身力量，通过投资、捐赠等公益性方式提供公共文化服务供给所需数字文化资源或直接举办公益性公共文化活动的方式不多③。换言之，当前我国公共数字文化资源共建共享实践中，供给主体仍以政府为主，而供给主体多元化程度不高使得供给资源来源相对单一，公共数字文化资源共建的总量不够充足，无法整合官方与非官方的数字文化资源来进一步满足社会公众多元化、个性化的文化需求。

虽说不少专家学者一直在倡导建立多元主体供给格局，不断强调社会力量参与的重要性，且相关文化共享工程已在一定程度上形成了政府主导、社会参与和市场运作相结合的数字资源共建共享机制④，但现实与理想之间仍存在一定的差距，认识到社会力量的重要性是前提，如何实现社会力量的有效参与、更多参与则更为关键。另外，课题组通过实地考察发现，公众事实上也期待国家能够进一步增强与调动社会力量的参与。因此，如何丰富公共数字文化服务供给主体，如何进一步增强社会力量在我国公共数字文化资源共建共享实践过程中的参与深度与广度，是我国公共数字文化资源共建共享实践中亟待解决的现实问题。

（三）社会公众需求识别不足，供给决策合理性有待提高

当前，在我国公共数字文化资源共建共享实践中多采用自上而下的供给决策机制，在一定程度上忽视了社会公众的数字文化需求。其中，政府等供给主体在处理公共数字文化资源共建共享事务时通常以行政指令为依据，从而导致公共数

---

① 唐义.我国公共数字文化资源整合模式研究［M］.武汉：武汉大学出版社，2017：76.

② 罗云川，阮平南.公共文化服务网络治理：主体、关系、模式［J］.图书馆建设，2016（1）：28-32.

③ 金莹.智慧化：公共文化服务的时代转型［M］.北京：中国社会科学出版社，2020：66.

④ 徐欣禄.全国文化信息资源共享工程资源建设项目运作的探讨［J］.图书馆建设，2008（2）：51-53.

字文化服务的供给决策存在不合理性，最终难以较好地满足公众文化需求。

课题组通过实地调研发现，这种现象的发生很大程度上取决于两个方面的原因：一是供给主体对公众文化需求识别渠道不畅；二是公众的文化需求表达能力不足。其中，以政府为主导的供给主体在提供公共数字文化服务时多是以问卷调查、随机走访、网络平台反馈意见等渠道对社会公众的文化需求进行识别，但往往会因受众主体识别意愿的影响而较少对公众的需求进行全面的识别。此外，在这些识别渠道中，线下需求识别渠道需要耗费大量的人力资源而导致运用率不高，而线上需求识别渠道往往适用的人群有限，而无法识别儿童与老年人群的文化需求。

另外，受社会公众需求表达能力的影响，即便供给主体拥有需求识别渠道也无法完全精准识别社会公众的需求，即存在公众需求表达意愿不高以及需求表达渠道供需不匹配等问题。供需精准对接是实现公共数字文化服务精准化供给的重要路径①。在现有的公共数字文化建设项目中，数字资源的整体利用率较低，国家投入大量的人力、财力，但现阶段并未达到预期的目的，仍处在一种"政府端菜"而非"公众点菜"的局面。因此，受供给主体需求识别能力与公众需求表达能力等因素的影响，致使当前我国公共数字文化资源共建共享实践中存在无法对公众需求进行精准识别的问题，而这也影响了供给决策的合理性，导致无法按需提供公共数字文化服务，这些问题都是需要进一步予以完善的。换言之，现有的共建共享实践与社会公众的互动不足，而无法较好地满足公众的多元化和个性化的数字文化需求。

（四）公共数字文化服务平台的个性化推荐与用户黏性有待加强

在现代信息技术高速发展的背景下，网络平台上公共数字文化资源众多，人们从信息匮乏时代步入了信息过载时代，在这种时代背景下，人们越来越难从大量的信息中找到自己感兴趣的信息，信息也越来越难以展示给可能对它感兴趣的用户。传统的信息检索技术虽说满足了人们一定的需要，但由于其通用的性质，仍不能满足不同背景、不同目的和不同时期的查询请求，即缺乏个性化的推荐服务。

---

① 林敏娟，石良亮.精准化视角下的公共文化服务：一个分析框架［J］.广西社会科学，2018（4）：24-31.

当前，我国公共数字文化服务平台因缺乏个性化推荐服务模式而影响了服务平台的社会用户黏性。事实上，个性化服务技术就是针对这个问题而提出的，它为不同用户提供不同的服务，以满足不同的需求。个性化服务通过收集和分析用户信息来识别用户的兴趣和行为，从而实现主动推荐的目的。个性化服务技术能大大提高站点的服务质量和访问效率，从而吸引更多的访问者。换言之，个性化服务有效地提高了信息从其作者传输到最合适用户群的效率和效果，这是当前我国公共数字文化资源共建共享实践中需要予以解决的现实问题。

（五）公共数字文化资源共建共享的顶层设计有待完善

公共数字文化资源共建共享实践是一项浩大的利国利民的大业，需要在国家相关部门和公众的积极参与下展开，与之相关的顶层设计则极其关键。纵观当前我国公共数字文化资源共建共享实践，可知系统内缺乏统一的宏观计划，如"文化共享工程"和"国家数字图书馆推广工程"之间"既有内在联系又各有侧重，在组织实施上，应统一规划，统筹兼顾"。从具体实施单位来看，分别由文化和旅游部全国公共文化发展中心和国家图书馆组织实施，两大工程的资源均源自文化系统，但在具体实施中并未将获取的资源予以共建共享，而是分别构建了各自的服务系统和平台。

再如，当前"国家公共文化云"平台虽已形成国家、省、市、县四级树状式的链接网络，且拥有了良好的成效，但也存在需进一步完善的地方。现有的"国家公共文化云"主要侧重的是各区域各级别的文化馆数字云平台之间的共建共享，而对于和公共图书馆、博物馆、美术馆、非遗馆等其他公共文化机构的数字文化资源的共建共享实践则有待国家相关部门从顶层设计的层面予以进一步完善，最终真正实现"中华文化全景呈现，中华文化数字化成果全民共享，优秀创新成果享誉海内外"的目标。

整体而言，有关公共数字文化资源的共建与共享需要考虑的问题还很多，例如，如何促进文化机构数字化转型升级，如何发展线上线下一体化、在线在场相结合的数字化文化新体验，如何促进城乡公共文化服务一体化发展以及健全文化资源数据分享动力机制，等等。而上述当前我国公共数字文化资源共建共享实践中所面临的问题，事实上都与顶层设计息息相关，这些方面均存在提升与完善的可能性。

第四章 公共数字文化资源共建共享的制度探索

根据中共中央办公厅、国务院办公厅印发的《关于推进实施国家文化数字化战略的意见》和《国务院关于加强数字政府建设的指导意见》的相关部署与要求，针对当前我国公共数字文化资源共建共享实践中需进一步解决的问题，参照国外公共数字文化资源共建共享实践的经验，并结合我国已有的将现代信息技术与公共文化服务供给相结合的实践经验，以及在理论指导的基础上，从基本理念、构成要素和模式运行三个维度构建公共数字文化资源共建共享模式的制度体系。

通过建立公共数字文化服务平台，吸纳多元主体力量参与数字文化资源的融合与共建，再根据公众的使用行为数据判断公众的多元化和个性化需求，继而科学有效地决策数字文化服务的供给内容和方式，合理配置资源，充分还原公众自由选择、参与和监督的权利，建立引入社会力量的良性竞争机制，不断增强社会公众的参与感、体验感、获得感、幸福感和安全感，最终为公众提供精准、高效、均等的公共数字文化服务[①]，为推进国家文化数字化治理体系和现代公共文化服务体系的建设提供支撑。

第一节 公共数字文化资源制度建设的基本理念

构建公共数字文化资源共建共享模式旨在最大化满足广大民众对公共数字文化资源的多元化和个性化需求，增强民众对智慧化美好生活的向往。故而在

---

① 金莹.智慧化：公共文化服务的时代转型［M］.北京：中国社会科学出版社，2020：135.

遵循以人为本、需求导向、多元协作、均衡共享和数据保护的原则上，还需将多元化、均等化、参与性、竞争性、共享性、安全性的基本理念贯穿其间。

一、多元化

新媒体环境和新技术的普及发展，促使人们的生活习惯与审美方式日趋丰富和多元，对公共数字文化服务的需求已不再限于满足基本的数字文化服务，而更加向往一种日趋多元且兼具个性的文化需求。缘此，公共数字文化资源共建共享模式的构建需要充分考虑社会公众多元化的文化需求。

例如，在数字资源内容和主题方面，不应局限以教育培训、演出观赏为主，应根据民众需求变化而进行调整，可增加既符合公众现实生活又富有趣味性、多样性的内容。在服务方式和需求表达方面，需要结合线上线下同步进行，实现多元化需求和多元化供给的有效对接。在公共数字文化参与方面，不仅要通过信息技术手段有效解决时间和空间的限制，满足参与人群的多元化，还要鼓励多元主体参与公共数字文化供给，变"享有型参与"为"建设型参与"。

二、均等化

当前，因经济文化发展水平差异而给民众带来的文化需求差异和享受不均等是公共文化服务中的重要问题，尤其是在公共数字文化服务领域。故而，解决发展中的不均等问题，让社会发展成果能够更公平地惠及更多民众，提升民众的获得感，均等化成为现代公共文化服务体系建设的战略重点[①]。

因此，公共数字文化资源共建共享推进过程中应通过提供不同服务信息交互终端，如微信公众号、App 让广大民众能够选择适合自己的公共数字文化服务选项并获得均等化的服务机会，更好地满足与保护弱势群体的文化需求，提升民众的获得感和幸福感，让公共数字文化惠民工程能够真正地"惠民"。

---

① 金莹.智慧化：公共文化服务的时代转型［M］.北京：中国社会科学出版社，2020：139.

三、参与性

公共数字文化资源共建共享模式的构建是一种社会活动行为，它离不开不同群体公众的广泛参与，包括供给主体、需求主体、评估主体的参与。以参与来体现公共数字文化服务的均等化、多元化和共享化，亦即参与性是公共数字文化服务效能的真实写照，是衡量公共数字文化服务供给水平的重要依据。

通过公共数字文化服务平台的构建，让多元供给主体参与共建资源，让民众参与其间自由表达自身文化需求和对服务效能进行实时反馈，使公共数字文化服务实践真正成为一项全民参与共建共享的文化活动。

四、竞争性

在公共数字文化服务领域，引入社会力量的参与，必然会涉及市场机制和竞争机制，出现民营化[①]。国外诸多公共数字文化资源共建共享实践表明，适度的市场竞争能带来诸多优势。这种竞争性的存在亦会随着公众的自由选择而不断加强，因此可有效增强公共数字文化服务供给主体参与共建的积极性，继而还可不断激活和催生公共数字文化资源的创新价值。

五、共享性

在万物互联的时代，信息的公开与共享是社会发展的必然结果和发展趋势，更是公共数字文化资源共建共享模式的重要特征。前文述及的参与性、竞争性也需要构筑在信息公开共享的基础上，而共享性的基本理念是平衡各参与主体利益的重要驱动力。因此，公共数字文化资源共建共享模式的构建需要在综合公众需求、供给主体、评估主体等信息基础上，进行有效合理的公开与共享。

六、安全性

在"数据即资源"的当下，数据的安全性日渐成为人们关注的焦点。而公

---

① ［美］E. S. 萨瓦斯. 民营化与公私部门的伙伴关系［M］. 周志忍译. 北京：中国人民大学出版社，2002：4.

共数字文化资源共建共享模式的构筑在海量数据信息的基础上予以实施，现代信息技术的引入必然会给公众不同维度的个人信息带来安全隐患，而这将会阻碍公共数字文化服务的建设与发展。因此，安全性的基本理念是构建公共数字文化资源共建共享模式的伦理底线。同时，数据的安全关乎着模式的成功构建和顺利运行。

第二节　公共数字文化资源制度建设的基本要素

公共数字文化资源共建共享模式的构建旨在最大限度地满足公众的数字文化需求和有效保存中华优秀文化遗产。为此，通过公共数字文化服务平台的支撑，置入多元服务供给主体参与数字文化资源共建，在新媒体环境和信息技术支持下，通过完善的标准规范和评估体系，在不同式样的服务信息交互终端为公众提供多元化和个性化的数字化文化服务，以实现公共数字文化资源的共享。

本书涉及的公共数字文化资源共建共享模式的构成要素如下：

一、模式目标

模式目标是公共数字文化资源共建共享服务模式顺利开展的出发点和最终的落脚点，它既明确了共建共享实践的发展方向和预期结果，又制约着模式构建的其他基本要素，而这具有至关重要的意义。为此，公共数字文化资源共建共享模式目标的制定需要着力于我国的社会现实与发展需要，并与我国的社会经济发展水平相适应，与我国广大人民群众的数字文化需求和中华优秀文化遗产的长期保存相协调，同时还须与新媒体环境和信息技术发展相吻合[①]。

我国公共数字文化资源共建共享模式目标可表述如下：

最大限度地吸纳各公共文化机构和其他社会力量主体参与数字文化资源的融合共建，运用现代信息技术对数字文化资源进行加工、处理和平台展示，通过线上线下相结合的方式为公众提供优质便捷、多元化和个性化的公共数字文化服务，实现中华优秀文化遗产和高质量现代文化资源的共建共享。

---

① 唐义.我国公共数字文化资源整合模式研究［M］.武汉：武汉大学出版社，2017：179-181.

二、主体对象

针对当前公共数字文化资源建设"内循环"的现状，我国公共数字文化资源共建共享模式需要在坚持政府主导公共数字文化服务供给的同时，不断深化数字文化服务供给侧的改革，即兼容并包、整合社会力量，不断挖掘公共数字文化服务供给方的生产潜力，鼓励更多的社会力量参与公共数字文化服务供给，如动员不同文化机构、专业团体、双创个人和企业等共同参与共建数字文化资源，进而优化公共数字文化服务的供给效能。为此，公共数字文化资源共建共享模式的主体对象需要满足两个方面的要求。

一方面，要坚持政府的主导作用。在公共数字文化资源共建共享实践中，政府的主导作用主要体现为三个重要角色，即规则制定者、服务供给者和监督管理者。政府需要通过政策法规建立公共数字文化服务供给的规则，而承担部分公共数字文化服务的供给则是政府应尽的责任。此外，在公共数字文化服务供给中，政府在保证自身服务供给质量的同时，还需要监督不同社会力量参与共建数字文化资源的效果，继而保证社会公众享有的公共数字文化资源的质量和水平。

另一方面，要坚持社会力量的参与。满足公众多元化和个性化的数字文化需求的前提是丰富和完善公共数字文化资源供给侧的多元化改革，因此需要打破传统单一式的政府供给，充分释放社会力量，通过购买、授权使用、免费提供、合作开发、立项等共建方式，吸纳、征集、购买高校、科研机构、民间社团和个人储备、创作和生产的优质数字文化资源。其中，国务院 2015 年发布的《关于加快构建现代公共文化服务体系的意见》中明确规定了政府购买社会力量提供的公共文化服务供给的范围，此后还出台了系列政策鼓励社会力量广泛参与公共文化服务供给。

社会力量并非为单一类型的社会组织，而是包括诸如高校科研院所、非营利组织、各种专业协会、企业、团队甚至个人等力量，可大致划分为"非营利社会组织""文化类企业""其他类型企业"和"社会公众"四大类别[①]，它们均

---

① 金莹. 智慧化：公共文化服务的时代转型［M］. 北京：中国社会科学出版社，2020：142.

为我国公共数字文化资源共建的主体。

"非营利社会组织"是在诸多供给主体中除政府主体之外，供给公共数字文化服务最多的主体，它包括各种基金会、志愿组织等，通过与政府、文化企业的合作，为公共数字文化资源的融合共建提供资金和人力支持。而"文化类企业"则是以企业形态存在的营利性组织，其由政府提供资金通过出售等形式提供公共数字文化产品和服务，它也可与"非营利社会组织"协作共助公共数字文化资源的融合共建。此外，"其他类型企业"不直接参与公共数字文化服务供给，而是通过捐赠的形式助力公共数字文化资源的共建。另外，"公众"是公共数字文化服务供给的源泉，其不仅可以参与志愿组织，还可以社会个体的身份参与公共数字文化资源的供给[①]。而不论是何种类型的社会力量，均离不开与政府的合作，均受到政策和法规的监管与保护。

若想设计出良好的共建共享服务模式，则需要充分厘清公共数字文化资源共建共享服务过程中的主体对象及其特点、要求，以及各构成主体要素之间的利益关系。上述的各类主体对象在公共数字文化资源共建共享服务过程中，主要表现为以下几方[②]：

第一方：文化资源消费用户。是指直接享受公共文化资源、产品或服务的主体对象，包括公民、公共文化机构、文化企业和其他组织等，这些对象借助公共数字文化资源共建共享服务平台可享受全国范围内的文化资源和文化服务，并在使用过程中为文化资源提供主体和为共享服务平台创造价值和社会效益。

第二方：公共数字文化资源共建共享服务平台体系建设方。主要包括多层级的服务平台示范点和协作单位。

第三方：是指直接将文化资源或文化资源的元数据上传到第二方的共建共享服务平台管理系统中，借助第二方为第一方提供文化资源或文化服务的主体对象。主要包括公民、机构、企业等。

第四方：是指不愿意将自己的文化资源或文化资源的元数据上传到第二方的公共数字文化共建共享服务平台管理系统中，但是仍然希望能和第二方进行

---

① 金莹.智慧化：公共文化服务的时代转型［M］.北京：中国社会科学出版社，2020：144.

② 罗云川，张桂刚.公共数字文化共享：模式、框架与技术［M］.北京：社会科学文献出版社，2018：68-73.

协商合作，共同为第一方提供文化资源或文化服务的主体对象。主要以社会文化企业为代表。

三、服务平台

服务平台是公共数字文化资源共建共享模式的数字化网络载体，它基于互联网和现代信息技术搭建而成，包括支撑环境、资源共建、服务应用等层次，可用于收集和分析社会公众的数字文化需求，向群众精准推送优质、多元与个性的数字文化服务，多元主体参与数字文化资源共建共享、监督评价与服务管理。此外，服务平台由政府部门主导监管，可与信息技术公司合作共建和运维。在公共数字文化资源共建共享模式中，服务平台包括但不限于以下功能：

一是收集和分析公众数字文化需求。通过线上和线下多渠道获取公众的数字文化需求信息，经服务后台大数据技术分析后在服务平台公开发布，接收公众反馈后，为供给主体合理配置资源提供信息，继而按需供给。

二是实现对多元参与主体的全程管理。通过服务平台，政府部门可有效对多元参与公共数字文化服务供给主体进行管理，如对多元主体参与供给的资格进行审核、质量进行审查等。

三是全面接收服务的监督评价反馈。由于服务平台是公开面向全社会的，因此在平台中可全面接收政府、公众、第三方组织等不同评估主体的信息反馈。

四是向公众精准推送公共数字文化服务。服务平台建设的最终落脚点是让社会公众能够便捷地获得和体验优质、多元、个性的公共数字文化服务，如虚拟展览、多媒体点播、智能推荐、跨库一站式检索等，充分满足公众的精神文化需求，增强公众对未来美好生活的向往。

四、技术标准

技术标准，是公共数字文化资源共建共享模式构建的重要支撑，它涉及从信息采集、组织、存储到检索、传输、评价等诸多环节，如数字化采集标准、数字化信息组织和存储标准、信息检索标准、网络及网络资源标准、信息的权限管理和安全标准等①。因此，技术标准决定了面对海量的多源、异构的数字文化资源能否将其予以融合共建的问题。

根据课题组的实地调研可知，当前我国大部分公共数字文化资源共建共享实践中所涉及的技术标准主要包括对象数据加工标准、元数据标准与互操作标准等。

公共数字文化资源共建共享模式需要多元主体参与数字文化资源共建，不同供给主体所提供的数字资源类型多样，且数量庞大，而不同类型资源共建的前提是建立统一的对象数据加工标准，如此方能保证数字资源的有效利用和长期保存。此外，元数据标准的统一构建和交互操作有助于公众对公共数字文化资源的快速检索和充分利用。

五、信息处理中心和服务交互终端

公共数字文化资源共建共享模式的运行效能显现，依托于不同层面的信息数据，如公众数字文化需求数据、供给主体提供的资源数据、精准推送服务数据、服务评价反馈数据等，而大数据、云计算等现代信息技术在公共文化服务领域的运用，让这些信息数据在公共数字文化服务后台得以最大化利用，继而优化提升公共数字文化服务效能。

因此，公共数字文化资源共建共享模式需要由政府部门牵头（可借信息技术企业之力）建立专用的信息数据处理中心。该中心主要用于对公众数字文化需求信息数据进行处理，为供给主体精准推送提供支撑；其次是对服务监督评价反馈信息数据进行处理，为公众和服务供给主体能够实时自我调适提供依据；同时，信息数据处理中心要为公共数字文化服务过程中所有的信息数据提供安全保障。

此外，在公共数字文化资源共建共享模式中还需要政府部门建立全方位的服务信息交互终端，并涵盖线上 PC 端的 Web 网站、个人移动终端的 App、微信端的公众号等，以及线下的自助服务信息终端、人工服务点等②，而社会公众

---

① 沈玉兰，袁名敦.标准化是建设好我国数字图书馆的重要保证［J］.现代图书情报技术，2002（2）：6-7.

② 金莹.智慧化：公共文化服务的时代转型［M］.北京：中国社会科学出版社，2020：147.

可根据各自条件按需选择。服务信息交互终端的设立有助于不同群体的公众便捷获取和体验数字文化服务，同时也可为服务供给主体提供依据。

六、评价体系与标准规范

公共数字文化资源共建共享模式所面向的是广大民众，它的有效实施自然离不开民众的评价和反馈，以及与之相关的配套标准与规范。而评价体系和标准规范的设立有助于公共数字文化服务效能的提升。其中，评价体系的设立需要建立多元主体（包括政府、社会组织、第三方、公众等）协同参与的绩效考评机制，如对共建共享实践的整体目标完成度、供给效率、公众参与度和满意度等方面进行考评，并加强对考评结果的运用①，以保障公共数字文化资源共建共享模式的正常运行。

此外，公共数字文化资源共建共享模式中诸多构成要素之间如何形成合力，如何助力公共数字文化服务效能提升，均需要设立与之相匹配的标准和规范，如服务基础设施标准、服务流程标准、供给主体标准、数字文化资源采集加工标准、服务评价标准等，要让每一环节的实施均有章可循，并能合理有效实施。因此，标准规范既是公共数字文化资源共建共享模式的基本要求，亦是模式中的重要构成要素。

第三节　公共数字文化资源共建共享的建设机制

公共数字文化资源共建共享模式是一个体系化的结构范畴和过程范畴，它由模式目标、主体对象、服务平台、技术标准、信息处理中心和服务交互终端、评价体系和标准规范等要素构成，各要素在遵循多元化、均等化、参与性、竞争性、共享性、安全性等理念下进行协作与互动而形成合力。

共建共享模式的整体运行机理是以社会公众的数字文化需求作为模式运行的出发点并贯穿始终，继而确定多元供给主体参与数字资源共建，通过数字资

---

①　杜荣胜.政府购买公共服务问题和对策研究［J］.财政研究，2014（6）：27-31.

源的合理配置，为公众提供需要的文化资源与文化服务，再通过多元主体参与对服务质量进行评估和反馈并予以调适（见图4-1）。

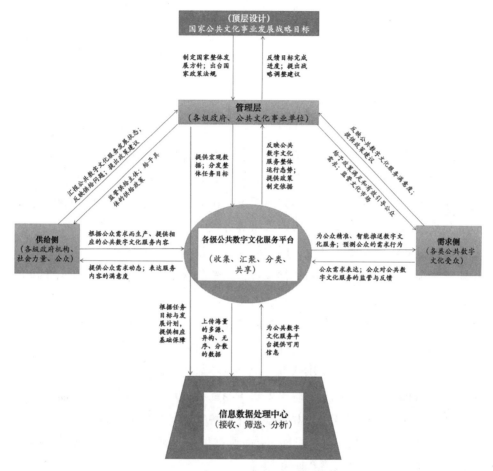

图4-1　公共数字文化资源共建共享模式建设机制

如图4-1所示，各级公共数字文化服务平台是整个模式运作的"神经中枢"，它需要通过信息数据处理中心对海量的多源、异构数据信息进行筛选与分析，方可为各参与方提供有效信息，而政府需要为信息数据处理中心提供基本保障。

在识别公众数字文化需求的前提下，确定公共数字文化服务供给主体的多元参与，并将其生产提供的数字文化资源上传至服务平台，再按公众所需分配至用户。而中央政府可通过公共数字文化服务平台把握模式运作的发展动态，并从顶层设计的角度予以宏观调控。同时，各参与方均可作为评估主体通过服务平台对公共数字文化服务予以监管、评价或反馈。

整个模式的运行是一个循环往复、各构成要素相互协作的过程，而精准识别公众需求、科学决策供给配置和多元主体参与互动则成为模式运作的核心。

一、精准识别公众需求

供需匹配的实现，需要供给侧精准识别公众的文化需求，方可完成按需分配和服务供给。对于公众的数字文化需求识别，需要采取多元化的沟通渠道予以进行①。一方面，通过多样化的需求表达渠道引导、激励公众主动表达自身的文化需求，可配备线上线下多方面需求表达渠道，如可采用"积分制"方式鼓励公众表达需求，以及开展培训讲座等方式了解公众需求。另一方面，供给主体可通过共建共享服务平台运用大数据分析技术了解社会公众主动表达的文化需求情况，预测公众需求的变化趋势，判断公众主动表达需求的真实性和准确性。

换言之，通过公众主动表达自身的文化需求和供给主体主动了解社会公众文化需求的双向途径，运用大数据信息技术手段综合分析公众的数字文化需求，力求为精准服务决策提供依据。此外，还需要将政府部门自上而下的文化战略导向需求（如新近颁布的政策要求）与社会公众自下而上的文化需求予以统合，并将这些需求呈现于公共数字文化资源共建共享服务平台。通过多元化的渠道方式精准识别公众的文化需求而按需供给，最大限度为公众提供多元化、个性化的文化资源与文化服务。

二、科学决策供给配置

在精准识别社会公众文化需求的基础上，政府部门主导下的供给主体需要对其进行科学决策与供给配置。其中，可充分运用数字化、信息化、智能化的新技术手段进行分析，确定数字文化资源的供给配置。公共数字文化资源的配

---

① 金莹．智慧化：公共文化服务的时代转型［M］．北京：中国社会科学出版社，2020：152-153.

置最重要的是需要链接和整合数字文化资源，在有限资源的条件下如何经济高效地获得和使用资源①。

通过公共数字文化资源共建共享服务平台，各类主体对象包括政府、文化类企业、非营利组织、公众等被链接到一起，各方均可获取各主体对象的信息资源与需求并进行协商沟通，寻求资源互补，最大化利用文化资源。此外，根据供给服务满意度的大数据分析，服务平台可再次进行数字文化资源的配置，进而有效提升公共数字文化服务的供给效能。

三、多元主体参与互动

公共数字文化资源共建共享模式涉及多方参与主体，包括政府、文化类企业、社会组织、公益组织、志愿组织、第三方评估机构、社会公众等，这些参与主体可归为三大类别，即供给主体、评估主体、社会公众。而共建共享服务模式的有效运转需要构筑在这些主体之间的多元互动与协商之上，其互动形式主要表现如下：

（一）供给主体与公众之间的互动

这是一种供给侧与需求侧之间的互动，供给主体能否精准识别公众的文化需求及其发展趋势，直接决定了公共数字文化服务水平的高低。在共建共享服务平台中，供给主体可时刻观测社会公众的文化需求及其发展趋势，以做到供需之间的相互匹配。其中，可充分运用大数据的用户画像技术精准识别需求，供给主体可为社会公众提供个性化的服务推送。另外，社会公众并非是被动接受供给服务，在共建共享服务平台中，公众可通过多种渠道主动向供给主体表达自身的文化需求，同时还可以对供给主体的服务效果进行评价，继而可有效提升和优化供给主体提供的文化资源和文化服务，并形成有效的良性循环互动。

（二）供给主体与评估主体之间的互动

供给主体与评估主体之间的有效互动，可进一步为供给主体优化和提升服务效能提供依据。在公共数字文化资源共建共享模式中，供给主体一方面可

① 金莹.智慧化：公共文化服务的时代转型［M］.北京：中国社会科学出版社，2020：154.

积极地对自身的服务情况进行自我评估，正视自身在服务过程中可能存在的问题，另一方面则需要被动接受第三方评估主体对其的评价。通过多元主体的评价，可以客观地对供给主体进行全面考评，直观地为供给主体指出需要提升和优化的地方，进而有利于公共数字文化服务效能的提升。同时，评估主体在与供给主体的互动中也可以全面了解公共数字文化资源共建共享实践现状、资质审核、科研等方面的情况。值得注意的是，在供给主体与评估主体的互动关系中，政府是既存在于二者之中，也超越于二者之上的整个体系的管理角色。

（三）社会公众与评估主体之间的互动

在公共数字文化资源共建共享服务平台中，公众可以通过服务平台或现场交流向评估主体表达自身的意见和建议，这可促使评估主体的整体考评指标更贴近公众需求。同时，公众可对评估主体进行监督，保障评估结果的真实性，而且公众还可以根据评估主体的考评结果选择自身需要的文化资源和文化服务。另外，公众还可以作为评估主体参与对供给主体的客观评估，这既是对自身文化需求的表达，也是对供给主体改进服务方式的要求。

第五章　公共数字文化资源共建共享的版权方案

公共数字文化资源共建共享模式旨在对分散在不同公共文化机构的数字文化资源进行融合、类聚与重组，继而形成不同类型和内容的数据库，或使得各种异构的数据库能够遵循统一的协议，能在同一个跨库检索平台上进行统一检索，最终为公众提供便携的"一站式"数字文化服务。而共建共享实践的直接结果将会打破原来存在于著作权人、数据库权利人、公共文化机构、最终用户等各利益方之间的版权平衡状态，其中的版权问题是无法规避的[①]。

当前，在我国的公共数字文化资源共建共享过程中，与版权有关的数字文化资源主要呈现为三种类型，即开放存取数字文化资源、自建数字文化资源和商业数字文化资源。其中，开放存取数字文化资源的共建共享实践主要采用知识共享许可（CC）协议来处理版权问题，在实际使用中多是选择"署名"（BY）选项[②]。自建数字文化资源的版权一般归属各公共文化机构所有，著作权人、公共文化机构、最终用户围绕数字文化资源版权的利益关系处于相对平衡的状态。而商业数字文化资源包括试用和已购两种类型，公共文化机构对不同的数字文化资源享有的权利依据协议而定[③]。

可以说，公共数字文化资源共建共享过程中各方的利益关系和版权问题是极其复杂的，因此需要构建一种公共数字文化资源版权实现的有效路径，以整体推动数字文化资源共建共享进程。

---

① 高峰.公共数字文化资源整合中的数据库版权问题［J］.图书馆，2015（9）：11.
② 王云才.论以CCL模式解决开放存取版权问题［J］.情报资料工作，2007（6）：80.
③ 高峰.公共数字文化资源整合中的数据库版权问题［J］.图书馆，2015（9）：12.

第一节　版权许可实现路径

一、强化版权意识，保护数字文化资源的知识产权

在公共数字文化资源共建共享中，公共文化机构需要做好法律声明条款的制定与公告，声明内容可结合版权法律的规定以及各机构的特别要求，提示用户遵守版权法律，遵循数字文化资源许可的利用方式，并提出侵权行为的责任追究。同时，公共文化机构需要主动采取技术措施来保护共建共享的数字文化资源，如通行密码、防火墙等，防止数字文化资源被非法利用。

二、完善公共数字文化服务中的"法定许可"使用制度

法定许可制度是版权限制制度的一种，与合理使用制度不同的是，其重心在于保证版权人能够获取报酬，故而更符合平衡公共数字文化服务中的"私权"与"公益"的要求。现行的《中华人民共和国著作权法》中缺少关于公共文化机构法定许可的使用规定，因此有必要将公共文化机构提供链接、自建数据库、开发或演绎数字产品等行为纳入法定许可范畴，同时允许公共文化机构免受数字作品技术保护措施的限制，赋予公共文化机构复制或临时复制、演绎数字作品的权利[1]。当然，完善法定许可使用制度只是在法律层面作出的必要调整，但从维护公共数字文化资源共建共享实践与版权的关系而言，数字文化资源的版权人的自我调整则更为重要，因为数字文化资源的呈现方式和版权的利益取舍的主体是版权人自身，而为版权人培养更多的公众与用户、为版权人带来更多潜在的财产价值则是公共数字文化资源共建共享实践对版权人自我调整的一种回馈[2]。

---

① 齐崇文.论公共文化服务中数字版权的实现［J］.出版科学，2017（5）：18.
② 同①。

三、改进公共数字文化资源共建共享过程中的版权付费方式

当前，通过著作权集体管理组织、依托在线交易平台来实现版权使用费支付受到了广泛认可。但事实上，著作权集体管理组织并不能管理所有的版权人，也不能对所有版权使用费进行转付，如只要出现数字作品权属不清的情形，著作权集体管理组织就会面临难以辨别版权人的困境①。故而，公共数字文化机构在支付法定许可版权费用时不能仅依赖著作权集体管理组织，而应采取多元化的付费方式，如对于不受著作权集体管理组织管理的版权人，应以版权人自主求偿为原则，版权人可根据公共文化机构对作品名称、版权人及使用情况的公示向公共文化机构求偿。当然，对于版权人不明晰的，公共文化机构仍需要对作品名称和使用情况进行公示，使用费采取"谁主张谁受偿"和"一次性支付"原则②。

四、构建公共数字文化资源共建共享的版权许可机制

公共数字文化资源绝大多数都有权利人，因此，要实现公共文化资源供给与需求的有效对接，且这种对接在经济上可持续，有赖于建立一套适当的版权模式。公共数字文化资源开放许可协议是基于平台化的资源库群。也就是说，位于供给端的文化资源已经存在于共建共享与管理平台内部，系统只需要根据用户的需求，从平台的资源库群调用、匹配即可。

由于公共数字文化资源权利持有人固有的分散性，公共数字文化资源共建共享与管理平台必须通过适当的方式，取得权利持有人的授权，这种授权应该是标准化的，且不应该太复杂。平台在取得权利持有人的授权后，再根据用户的具体使用需求和使用方式，向用户授予相应的版权使用许可。这种自愿授权许可机制在权利持有人端与用户端之间会产生大量的合约，公共文化资源共建共享与管理平台就是围绕着这些合约关系，开展系统的客户服务。

---

① 齐崇文.论公共文化服务中数字版权的实现［J］.出版科学，2017（5）：18.
② 曾琳.著作权法第三次修正下的"限制与例外"制度应用研究［M］.北京：中国政法大学出版社，2016：221.

第二节 数字资源版权许可相关方及利益关系

一、数字资源版权许可相关方

借鉴知识共享组织的思想，可在公共数字文化资源共建共享模式中设置许可人、管理人的角色，并且整个共建共享模式由专有的版权许可专利技术支持（见图 5-1）。其中，许可人（licensor）的主要职能是：根据注册许可的标准，对版权人提交的文化资源进行审核，对获得注册的文化资源进行许可标记（marked which elements of the work are subject to the license and which are not），根据规定收取注册许可费和版权使用费，根据规定 / 约定对版权许可收益进行分配。

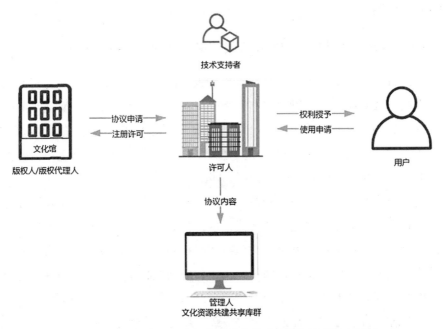

图 5-1 公共数字文化资源共建共享模式的版权许可机制示意

管理人作为共建共享模式的运营管理实体，承担着整个共建共享模式的运行和维护工作。随着共建共享模式业务的发展和技术更新，版权许可专利持有方需要不断升级其版权许可软件系统，为共建共享模式的平稳、高效运行提供相应的技术支持。

从公共数字文化资源共建共享模式平台运行的角度来考察，整个公共数字文化资源版权许可机制由8个相关方构成，即版权权利持有人、公共文化机构、平台管理人、许可人、版权许可专利持有人、监管机构、用户和公众。

其中，监管机构与公众属于间接的相关方，其他6方则都是直接的利益相关人。

二、数字资源版权许可利益相关关系

下面以文化馆为例，详细讨论公共数字文化资源生态系统中的相关方及其利益关系。

目前，我国的文化馆属于纯粹的公益性文化机构，文化馆、国家公共文化云、参与的用户和公众三方构成一个比较简单的生态链（见图5-2），同时，政府文化监管机构对行业实施监管。

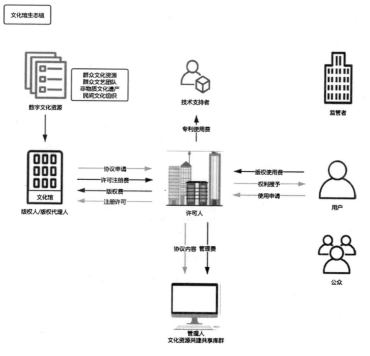

图5-2 公共数字文化资源共建共享模式中的文化馆版权许可机制

公共数字文化资源共建共享平台正式运行后，文化馆生态链将会变得更加丰富、相对更加复杂多样：直接的利益相关方增加了版权权利持有人、系统平台管理人、版权许可人、版权许可专利持有人，过去参与文化馆活动的公众则进一步细分为平台系统的直接用户与一般公众，监管机构继续作为间接的相关方存在，而一般公众很多会作为机构用户的客户，成为文化资源的最终消费者。

（一）开放许可协议

版权持有人或版权代理人在完成作品的电子化后，向许可人提交共建共享模式平台注册申请，许可人在完成对版权持有人所提交作品的审核后，发放注册许可；完成许可注册的作品进入共建共享模式平台的资源库群。在客户端，用户根据自己的需求与库群中文化资源的许可类型，向共建共享模式平台提交使用申请，许可人给用户授予版权使用权（见图5-3）。

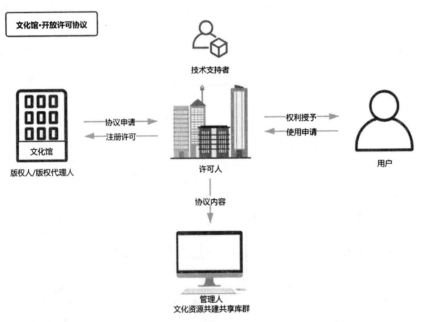

图5-3 文化馆生态链中的版权许可（法律）关系

（二）平台收入

从共建共享模式平台的角度来说，版权持有人或版权代理人向许可人缴纳许可注册费，用户缴纳版权使用费，这些版权许可收益构成共建共享模式平台来自市场的基本收入（见图 5-4）。

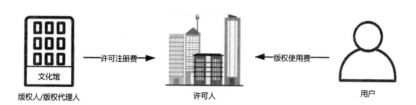

图 5-4　文化馆生态链中的基本收入

（三）版权许可收益分配

许可注册费与版权使用费形成版权许可收益，原则上，版权使用费的主要部分应该以版权费的形式返还给版权持有人，共建共享模式平台管理人从版权许可收益中获得管理费，版权许可专利持有人获得专利使用费，许可人最后留下少许版权许可收益。各相关方在版权许可收益中的具体分配比例，可以在共建共享模式平台开始试运行时，进一步研究确定（见图 5-5）。

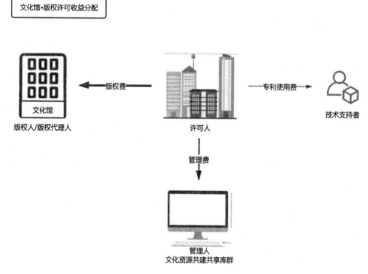

图 5-5　文化馆生态链中的版权许可收益的分配

第三节　版权许可建设机制

前文对公共数字文化资源共建共享模式的版权许可机制结构、相关参与方及其角色等进行了阐述，接下来对其进行具体的设计，以通过共建共享平台，实现可持续地将公共数字文化资源向社会公众开放的目的。

在设计公共数字文化资源版权开放许可体系的过程中，既参考了知识共享组织（Creative Commons）的知识共享许可协议，也借鉴了美国版权许可中心（Copyright Clearance Center）的版权授权方式。知识共享组织与美国版权许可中心二者都是非营利机构，这一点同公共数字文化资源共建共享平台是一致的；同时，为了实现公共文化资源生态系统的可持续发展，将公共数字文化资源共建共享设计成了类似于美国版权许可中心的交易平台。

公共数字文化资源共建共享模式开放许可体系的设计，包括对资源进行开放性、安全性审核；面向作者/资源所有者，平台对资源进行许可注册；面向用户，平台授予用户多种使用权利。资源的许可注册与用户获得使用权利，都涉及收费标准的问题；平台收取的费用，还需要分配给各利益相关方。

一、总体设计

公共数字文化资源共建共享模式的版权开放许可体系总体设计为三层结构，即三种表达方式：普通文本、法律文本以及代码文本（见图5-6）。

普通文本用简洁易懂的文字及图表阐述文化资源开放许可体系，从而让用户一眼就能看明白：这份作品的所有者究竟开放了哪些权利，开放注册的条件及如何注册缴费；从用户的角度来看，可以有哪些用项选择，以及与用户各种使用选择相对应的版权收费情况。

图5-6　公共数字文化资源共建共享模式版权开放许可体系的三层版本结构

法律文本是一套律师及法官能在诉讼中使用，符合著作权法及其他产权法律的严谨的法律协议，以确保许可协议将来一旦出现纠纷，能够对协议的内容进行法律认定。

代码文本在著作权人完成作品的注册许可后，系统会自动产生一组机器可辨读的编码（code），经网页软件或文本软件判读后，会自动产生相应的许可协议。而版权协议的核心部分，是一套申请有发明专利的专用软件，借此保护文化资源开放许可体系的知识产权，并保证体系的持续更新与升级。

二、资源审核

进入到共建共享平台库群的文化资源，首先需要接受平台的审核。相关资源在满足了相应的开放条件和安全条件之后，才能进入开放系统，面向社会公众，实现共享。在遵守平台使用规定的前提下，平台任何用户都可以对资源进行自由存取、使用、修改和共享，这种资源才算是开放的。文化资源要实现开放，必须达到一定的条件。世界性的非营利组织开放知识基金会（Open Knowledge Foundation，https：//okfn.org/）长期致力于推动所有非个人信息的开放，其《开放知识倡议》（*Open Knowledge Initiative*）对知识的开放性进行了精确的定义。

《开放知识倡议》的 2.1 版本规定，要达到开放这一条件，作品需要满足以下要求：

（1）开放许可。该作品必须是公共领域的作品，或者是根据开放许可协议提供的。作品随附的任何其他条款，都不得与作品的公共领域状态或许可条款相抵触。

（2）方便获取。该作品必须能被完整获取，且所需的花费应当不超过合理的重制费用，应该可以通过网络免费下载。任何许可合规所需的其他信息（例如，遵守署名权所必需的贡献者姓名）也必须随附在作品中一并提供。

（3）机器可读。该作品必须以可由计算机处理的形式提供，并且作品中的各个独立元素都易于访问和修改。

（4）开放格式。该作品必须以开放格式提供。开放格式是指对作品的使用不加任何收费或其他形式的限制，并且可以被至少一个自由开源软件工具进行完全处理。

以上四条标准定义了什么是作品的开放性，一个开放性的作品，须是面向社会大众、容易获取且能被计算机处理的。

公共文化资源共建共享平台在对资源进行审核的时候，主要审核作品的安全性和开放性。由于《开放知识倡议》对开放的定义已经很成熟，因此该平台在沿用其对开放作品定义的基础之上，结合中国文化资源开放许可的实际需求，额外对作品的安全性进行审核，从而建立起一套具有中国特色的文化资源开放审核标准。具体来说，资源要进入到公共文化资源共建共享平台，面向社会公众开放，需要通过以下五条标准的审核：

（1）方便获取：该作品必须能被完整获取，且所需的花费不超过合理的重制费用，应该可以通过网络下载。任何许可合规所需的其他信息，例如，遵守署名权所必需的贡献者姓名，也必须随附在作品中，一并提供。

（2）机器可读：该作品必须以可由计算机处理的形式提供，并且作品中的各个独立元素都易于访问和修改。

（3）开放格式：该作品必须以开放格式提供。开放格式是指对作品的使用不加任何收费或其他形式的限制，并且可以被至少一个自由开源的软件工具进行完全处理。

（4）安全合格：该作品必须遵守国家法律法规在开放适当性、保密等方面的规定，通过相应的安全检查，可以在互联网上披露。参照2004年7月1日文化部第32号修订的《文化部涉外文化艺术表演及展览管理规定》，目前暂按如下口径对资源进行安全性审核，禁止有下列内容的作品利用平台对社会开放：反对我国国家制度和政策、诋毁我国国家形象的；影响我国社会稳定的；制造我国民族分裂，破坏国家统一的；干涉我国内政的；思想腐朽、颓废，表现形式庸俗、疯狂的；宣扬迷信、色情、暴力、恐怖、吸毒的；有损观众身心健康的；违反我国社会道德规范的；可能影响我国与其他国家友好关系的；法律和行政法规禁止的其他内容。平台经过一段时间的运行，积累经验后，再提出详细的禁止指引与清单（管理办法）；当管理办法比较成熟后，再报文化和旅游部批准，作为正式的规章，对外发布。

（5）开放许可：除非是公共领域的作品，该作品必须获得平台签发的开放许可，作品根据开放许可协议议定的条件，向用户开放。由平台的专设机构，按照上述标准对拟入库的文化资源进行审核，以确保进入到公共文化资源开放许可体系的作品具备开放条件，并且符合国家法律法规相应的安全规定。资源通过了开放条件和安全审核，才能进入下一个程序，进行许可注册。

三、许可注册

版权法规定，保留权益人/版权人（简称：版权人）的所有权利；这在一定程度上影响了知识的传播，与社会要求的开放共享相悖。保护知识产权与扩大知识传播是一对矛盾，要解决这一矛盾，建立开放许可、对接供给与需求，是必经的有效途径。利用开放许可协议，既能保障版权人的合法权益，用户和社会公众又能在版权人许可的范围内，自由使用作品，从而促进知识共享与传播。

除了公共领域（public domain）的文化资源外，只要特定的文化资源具有传播价值和交易与再交易价值，且该文化资源的版权人有意愿将此资源纳入公共文化资源共建共享平台，该版权人就可以按照流程，向平台申请开放许可注册，从而通过共建共享平台实现资源向社会开放，版权人也借此获得相应的利益。

进入到平台系统的文化资源在何种程度上对用户开放，可以向用户让渡哪些权利，依据版权人的许可注册而定。特定文化资源的版权人向平台申请许可注册，将版权法及其他法律赋予的权利，通过许可的方式，部分或全部让渡给用户与社会公众，从而达到共享的目的。通过许可注册，版权人明确哪些权利开放给用户与公众，哪些权利自己保留。

目前，世界上发展成熟且广泛使用的开放许可协议，有知识共享许可协议（CC）、BSD 协议、GPL 协议等。在深入分析了各种开放许可协议的适用领域及其具体设计后，笔者建议，公共文化资源共建共享平台对文化资源的许可注册，可借鉴知识共享组织（Creative Commons，CC）的许可协议（CC 许可协议）。

知识共享组织创立的 CC 许可协议规定，对于受版权法保护的作品，有四个可选择的授权要素，分别是署名、非商业用途、禁止演绎和相同方式分享。署名（Attribution，简称：BY）：必须提到原作者。非商业用途（Noncommercial，简称：NC）：不得用于营利性目的。禁止演绎（No

Derivative Works，简称：ND）：不得修改原作品，不得再创作。相同方式分享（Share Alike，或译为原样分享，简称：SA）：允许修改原作品，但必须使用相同的许可证发布。版权人根据自己的意愿与权利（利益），对这四个授权要素进行考虑，有选择性地开放授权，将相关权利让渡给用户与社会公众。经过长期的市场实践，知识共享组织最终形成了6种知识共享许可，每种许可对著作权的控制有所不同，版权人可以根据自己的意愿与需要，对权利进行选择性开放和让渡。

下面，按照从严到宽的顺序，列出全部6种许可：

（1）署名（BY）－非商业性使用（NC）－禁止演绎（ND）：这项许可是6种许可协议中限制最为严格的，使用者不能对作品做出任何形式的修改，以及进行商业性使用，但只要注明著作者的姓名并建立链接，就可以下载，并向他人分享该作品。

（2）署名（BY）－非商业性使用（NC）－相同方式分享（SA）：这项许可规定，只要使用者注明著作人的姓名，并在以该作品为基础创作的新作品上适用同一类型的许可协议，使用者就可基于非商业目的，对作品重新编排、节选，或者以该作品为基础进行创作。

（3）署名（BY）－非商业性使用（NC）：这项许可允许使用者基于非商业目的，对作品重新编排、节选或者以该作品为基础进行创作。尽管新作品必须注明著作者的姓名，并不得进行商业性使用，但是使用者无须在以原作为基础创作的作品上，适用相同类型的许可条件。

（4）署名（BY）－禁止演绎（ND）：这项许可规定，只要使用者完整使用该作品，不改变、演绎原作品，保留著作者的署名，使用者就可基于商业或者非商业目的，对作品进行再传播。

（5）署名（BY）－相同方式分享（SA）：这项许可规定，只要使用者在其基于原作品创作的新作品上，注明著作者的姓名，并在新作品上适用相同类型的许可协议，就可基于商业或非商业目的，对作品重新编排、节选，或者以原作品为基础进行创作。

（6）署名（BY）：这项许可规定，只要使用者标明著作者姓名，就可以基于商业或非商业目的，分发、重新编排、节选原作品，或者以原作品为基础进行创作。就使用者对作品的利用程度而言，该项许可是最为宽松的。

公共数字文化资源共建共享平台对文化资源的许可注册，完全借鉴上述许可模式。版权人可以根据自己的意愿与需要，在这 6 种许可方式中进行选择。这 6 种许可模式，就是版权人在公共文化资源共建共享平台可选择的文化资源许可注册类型，完成许可注册的资源，就可在平台上对用户与社会公众开放。

除了以上 6 种许可协议外，还会有一定数量不保留任何权利的公共领域（Public Domain）文化资源，对其可采用 CC0 许可协议。采取 CC0 许可协议的资源，版权人已将其贡献至公共领域，在法律允许的范围，放弃在全世界范围内基于著作权法对作品享有的所有权利，包括所有相关权利和邻接权利。公共领域作品是指任何人不付任何代价就可以使用、复制、演绎的资源，这类资源无须许可注册。操作上，CC0 资源应该由平台的管理机构负责甄选入库。

总之，文化资源在公共文化资源共建共享平台上对用户与社会公众开放，有 7 种方式可供版权人选择（见图 5-7），除 CC0 外，其余 6 种需要版权人进行许可注册。版权人可以根据自己的意愿，选择 6 种方式中的一种或多种予以开放。

标识	描述	缩略	署名要求
PUBLIC DOMAIN	内容使用完全无限制	CC0	否
BY	署名	BY	是
BY-SA	署名＋原样分享	BY-SA	是
BY-NC	署名＋非商用	BY-NC	是
BY-NC-SA	署名＋非商用＋原样分享	BY-NC-SA	是
BY-ND	署名＋非衍生	BY-ND	是
BY-NC-ND	署名＋非商用＋非衍生	BY-NC-ND	是

图 5-7　文化资源开放（许可）的方式

四、授权权利

公共数字文化资源面向公众开放，其可以利用的程度及传播的广度、深度、速度，一方面取决于版权人开放哪些权利（许可），即前述 7 种开放方式；另一方面，还取决于面向用户使用文化资源的用途和领域，即用项选择。文化资源的 7 种权利开放，与用户的用项选择进行交互（interaction），就形成丰富多彩、各种各样的版权使用组合，即用户的授权权利选择。

借鉴美国版权许可中心（Copyright Clearance Center）的版权授权方式，笔者将用户端的用项选择分为自用、学术用、商用、自由创作四个大类（见图5-8）。

标识	描述	缩略	署名要求	仅自用	学术用	商用	自由创作
PUBLIC DOMAIN	内容使用完全无限制	CC0	否	无			
BY	署名	BY	是				
BY SA	署名 + 原样分享	BY-SA	是				
BY NC	署名 + 非商用	BY-NC	是			否	
BY NC SA	署名 + 非商用 + 原样分享	BY-NC-SA	是			否	
BY ND	署名 + 非衍生	BY-ND	是				否
BY NC ND	署名 + 非商用 + 非衍生	BY-NC-ND	是			否	否

图 5-8 文化资源的用项选择

（1）仅自用：用户若只选择了这种用途，则该文化资源仅支持用户自用，不能用于其他用途。

（2）学术用：用户若只选择了学术用途，则该文化资源仅支持用户用于学术目的，不能用于其他用途。

（3）商用：用户若只选择了商业性用途，则该文化资源仅支持用户的商业性使用，不能用于其他用途。

（4）自由创作：用户若只选择了此种用途，将允许用户对文化资源进行修改、再创作、演绎，但不能用于其他目的。

在文化资源限定的开放许可条件下，用户可以在这四种用项之中进行选择。值得说明的是，对于 CC0 开放许可协议的作品，由于所有权利都不保留，所以这四种用项都是开放的，使用者可以自由使用，无须选择。

显然，即使对公共数字文化资源有四大类用项的界定，但在现实世界中，用户对于文化资源的利用却是丰富多样的，用户使用特定的文化资源，可以只用于一种用途，也可能用于一种、两种、三种，甚至是全部四种用途。

换言之，公共数字文化资源开放许可体系中，如果不考虑 CC0，文化资源的6种权利开放，与用户自用、学术用、商用、创作四大类用项选择进行交互，会形成 52 种版权使用组合（见图 5-9）。公共文化资源智能共建共享与管理平台的成功开通运行，对文化资源传播广度、深度的影响，由此即可见一斑。

标识	描述	缩略	署名要求	用户选择授权权利													
				单一用途				双用途						多用途			
				仅自用	学术用	商用	自由创作	自用+学术	自用+商用	自用+创作	学术+商用	学术+创作	商用+创作	自用+学术+商用	自用+学术+创作	学术+商用+创作	自用+学术+商用+创作
	内容使用完全无限制	CC0	否	自由选择													
	署名	BY	是	■	■	■	■	■	■	■	■	■	■	■	■	■	■
	署名+原样分享	BY-SA	是	■	■	■	■	■	■	■	■	■	■	■	■	■	■
	署名+非商用	BY-NC	是	■	■		■	■		■		■			■		
	署名+非商用+原样分享	BY-NC-SA	是	■	■		■	■		■		■			■		
	署名+非衍生	BY-ND	是	■	■	■		■	■		■			■			
	署名+非商用+非衍生	BY-NC-ND	是	■	■			■									

图 5-9　文化资源的版权使用组合

五、收费标准

如前所述，面向版权人，共建共享模式平台对资源进行许可注册；面向用户，平台授予用户多种使用权利。资源的许可注册与用户获得使用权利，都涉及收费标准的制定。对于版权人而言，其作品要进入公共文化资源共建共享平台，在进行许可注册时，平台要收取一定的注册许可费。由于 CC0 不需要版权人进行许可注册，因此不收取许可注册费。对于其余 6 种许可，按许可项目缴纳相应的注册费用；如果选择了全部 6 项许可，可以考虑给予适当优惠。

（一）许可注册费

在资源通过审核后，进行许可注册时一次性收取。许可注册费的定价权在平台，可以根据作品占用系统存储空间的大小，按照资源注册的标准单位，来分档制定文化资源许可注册费的收费标准（见图 5-10）。

标识	描述	缩略	许可注册费
PUBLIC DOMAIN	内容使用完全无限制	CC0	NA
CC BY	署名	BY	0.20
CC BY SA	署名+原样分享	BY-SA	0.20
CC BY NC	署名+非商用	BY-NC	0.20
CC BY NC SA	署名+非商用+原样分享	BY-NC-SA	0.20
CC BY ND	署名+非衍生	BY-ND	0.20
CC BY NC ND	署名+非商用+非衍生	BY-NC-ND	0.20

图 5-10 文化资源许可注册费收费标准（样本，草案）

［单位：元/件（标准单位）］

（二）标准版权费

用户根据自己的需要，按照四大用项进行选择，获得版权使用权利。由于每种授权的权利能够创造的价值不同，对应作者的开放许可与四种用项交互形成的版权权利，每种标准授权对应的版权费用应该是有区别的。版权费的定价权在版权人，但平台应该设置版权费服务部门，为版权人给完成许可注册的资源定价提供样本及咨询意见。作为案例，邀请天津汉沽女书作者和天津人民出版社，就资源进入平台，版权人要求的版权费制定出收费标准。

如图 5-11 所示是天津汉沽女书作者初步确定的汉沽女书书法和绘画的标准版权费收费标准。由于作者自己开设有公司，创作与销售女书衍生品和文创产品，因此，定价标准应该是经得起市场检验的。

标识	描述	缩略	署名要求	仅自用	学术用	允许商用	允许自由创作
PUBLIC DOMAIN	内容使用完全无限制	CC0	否	无			
CC BY	署名	BY	是	1.50	1.50	20.00	20.00
CC BY SA	署名+原样分享	BY-SA	是	1.50	1.50	20.00	20.00
CC BY NC	署名+非商用	BY-NC	是	1.50	1.50	否	20.00
CC BY NC SA	署名+非商用+原样分享	BY-NC-SA	是	1.50	1.50	否	20.00
CC BY ND	署名+非衍生	BY-ND	是	1.50	1.50	20.00	否
CC BY NC ND	署名+非商用+非衍生	BY-NC-ND	是	1.50	1.50	否	否

说明：女书书法和绘画作品，每件上有7~11个字

图 5-11　标准版权费收费标准：女书书法和绘画（样本，草案）

（单位：元/件）

（三）版权使用费

前已述及，不考虑 CC0，在平台的文化资源开放许可体系中，文化资源的版权人有 6 种方式的权利开放，与用户自用、学术用、商用、创作四大类用项选择进行交互，形成 52 种版权使用组合。在平台协助版权人确定了资源的标准版权费收费标准后，52 种版权使用组合对应的版权使用费就自然生成了。对于 CC0 类文化资源，由于它们也要占用平台系统的资源，也应该从用户中收取少量的使用费，具体标准可由平台制定。

平台正常运行后，来自用户的版权使用费将是平台主要的收益来源。由于平台上大部分文化资源的权益属于版权人，因此，版权使用费的主要部分，应该返回给版权人。根据笔者对典型案例的调研，版权人认为：用户所交的版权使用费，80% 返回给作者/版权人比较适当。

第六章　公共数字文化资源共建共享的关键技术

随着互联网的迅速发展，多媒体形式日益增多，不同的观念与价值充斥着人类社会，人们对于自己的传统文化、传统思想价值体系的认同与尊崇与日俱增。为满足人们了解传统文化、感受民间艺术以及获得旅游娱乐的需求，文化和旅游部通过全国公共文化发展中心于 2017 年以全国文化信息资源共享工程已建的六级服务网络和国家公共文化数字支撑平台为基础，升级推出了"国家公共文化云"，它以现代信息技术为依托，通过数字化的信息传播方式，实现可以覆盖全国范围的优秀中华文化资源的共建共享。现已经完成 PC 端网页和手机端 App 的开发，数据库中存储有大量优秀的公共文化作品，对机构管理方式及作品的评估标准日益完善。当然，"国家公共文化云"在其发展与成熟的过程中亦存在一些不可避免的问题，主要表现在资源供给端、服务端以及文化服务评估体系等方面。

在资源供给端，"国家公共文化云"上的各级文化馆及社会机构拥有大量优质公共文化资源，但自身权益难以保障。对优质作品的窃取或二次创作并以此谋取利益，将会使原创热情走低，从而影响整个数字内容价值链，最终造成损害数字内容产业有序、健康发展的恶果，因此版权保护是文化资源拥有者所顾虑的首要问题。传统的版权保护申请周期长、费用高，而基于互联网的数字内容具有热点性强、时效性快、传播迅速的特点，因此传统模式已明显不适合互联网时代数字内容生产的需要，不能对网络数字内容进行有效的保护。因此，需要努力实现各渠道资源的互联互通，方便用户集中寻找资源，节约时间，提高用户满意度，打造多方互惠的、可持续发展的共享机制，充分保障资源供给主体的共享积极性。对此，区块链技术以去中心、难篡改、可溯源、开放透明的优点，有助于建立高效、可信的数字内容版权登记确权存证机制，从而维护数据的安全性。区块链技术可以很好地实现各渠道资源的互联互通，打造可持续发展的新共享模式。

此外，"国家公共文化云"数据库拥有大量优秀公共文化资源，但这些资源杂乱无章，缺乏一个快速定位某类资源的方法。对资源的分类及描述就显得尤为重要，这就产生了海量的数据标注与描述的需求。而传统的人工加工标注资源的方式固然有效，但是上传者标注的模式带来了一些痛点问题。上传者必须能够准确地提炼出资源的关键字，并对资源进行识别、解释和说明，这就导致人力成本提高，描述的准确性与统一性也不能得到保证。上传者必须足够准确地识别出资源的关键字，否则一旦描述有偏差，就会对资源带来一些负面的影响。

在资源服务端，"国家公共文化云"想要增加用户的黏性，却没有一个精准定位用户喜好的个性化推荐方法。个性化服务打破了传统的被动服务模式，能够充分利用网络资源的优势和各种软件支持，主动开展以满足用户个性化需求为目的的全方位服务。传统的信息检索技术满足了人们一定的需要，但由于其通用的性质，仍不能满足不同背景、不同目的和不同时期的查询请求。个性化服务技术就是针对这个问题而提出的，它为不同用户提供不同的服务，以满足不同的需求。个性化服务通过收集和分析用户信息来识别用户的兴趣和行为，从而实现主动推荐的目的。个性化服务技术能大大提高站点的服务质量和访问效率，从而吸引更多的访问者。更简单地说，个性化服务有效地提高了信息从其作者传输到最合适用户群的效率和效果。

在文化服务评估激励方面，提升公共文化服务效能是构建现代公共文化服务体系的基本价值目标，也是公共文化服务体系建设迈入内涵式发展阶段的必然要求。当前，我国的公共文化服务基础设施和网络系统建设取得了显著成绩，供给能力和供给水平明显提高，但服务效能却未能与之匹配，呈现出边际效益递减、区域间非均衡、居民获得感不高等问题。因此，及时有效地对公共文化服务效能进行评估，对公共文化服务的提质增效具有重要现实意义。利用成熟的服务效能评估体系、科学具体的激励体系，建立行之有效的文化平台评估激励模式，有利于提升平台整体服务效能。

下文将以"国家公共文化云"为例，对公共数字文化资源在供给端、服务端、文化评估激励体系的共建共享技术与方法进行阐述。

第一节　多渠道资源供给新模式

近年来，国家大力弘扬文化自信，保障公民文化权益，人民群众迫切需要加强公共文化服务体系建设。"十四五"时期，国家明确指出围绕文化强国建设目标任务，以科技创新引领和支撑文化和旅游发展，提高文化和旅游生产要素水平，推动文化和旅游更好融入新发展格局，实现高质量发展。为加强公共数字文化资源全国共享体系建设，2021年4月26日，文化和旅游部发布《"十四五"文化和旅游科技创新规划》，强调通过文化和旅游公共服务内容和手段的科技创新，丰富服务供给，创新服务形式，提升文化和旅游公共服务效能。

研究团队依照《"十四五"文化和旅游科技创新规划》中关于资源供给端的要求，对数字文化资源的获取和提供展开了深入研究。公共数字文化资源在供给端的设计如图6-1所示，研究的任务大致可以分为以下三个方面的内容：

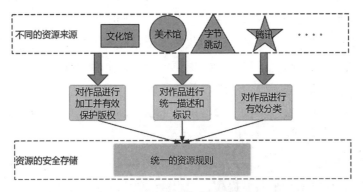

图6-1　公共数字文化资源供给端示意

一是开展文化和旅游资源内容的多渠道供给。目前，我国优秀的公共数字文化资源分布在全国各地，包括图书馆、文化馆、博物馆、美术馆、非遗保护中心、游客服务（集散）中心等，还包括字节跳动、腾讯、哔哩哔哩等社会企业。各个平台数字文化资源规则不统一，给资源汇聚、统一管理造成了障碍；大多数文化企业或文化机构很难接入到共享平台中来，无法与平台一起实现合作共赢；同时，科学技术的发展使视频制作者的门槛降低，人人都可以成为文化的创作者和传播者，因此应关注如何调动广大用户的积极性，使其从资源的服务者转变为资源的创作者、传播者。

二是开展文化和旅游资源内容的安全存储、分析挖掘等资源整合。收集到的文化作品没有统一的标识、规格，从而导致资源的存储与分析困难；各渠道资源难以互联互通，用户不方便集中寻找资源。所以就需要建立可视化的目录，打造多方互惠、可持续发展的共享机制，充分保障资源供给主体的共享积极性。

三是开展文化和旅游资源内容精准服务，实现资源智能调度。多渠道的资源杂乱无章，没有关于资源的描述，缺乏对于资源的识别、解释和说明；公共文化资源众多，需要有一个科学高效的分类方法，来达到快速定位的目的。因此对资源的分类及描述就显得尤为重要，这就产生了海量的数据标注与描述的需求。

多渠道供给需要从社会不同的数据库中收集资源，整理这些不同类型、不同分类方式的资源，传统人力分类不仅缓慢，而且有出错的可能，所以需要智能加工技术，提高分类效率，降低出错率。接着，将收集到的资源按加工好的标注，智能分类，形成统一的目录，方便整理、分发。最后，运用智能管理系统将资源呈现在用户面前，并收集用户反馈，以备后续对作品及机构服务效能的评估。

如图 6-2 所示，多渠道供给新模式的主要流程为：

一是建立公共文化云和各类开放的资源库群（包括公共文化机构、非公共文化机构以及第三方商业机构）之间的管道接口来调用多渠道的公共文化资源。

二是公共文化云将对收集到的多渠道资源进行资源汇聚，通过智能加工技术对各类数据资源进行特性标注、分类以及来源记录，并最终进行数据存储。

三是将数据存储成统一的目录，目录可以对各类公共文化资源进行优先级展示。通过目录还可以对资源进行溯源，将其精准定位到各类资源库群，最终对其实现智能化的管理并发布在客户端给用户一个可视化的展示，用户可以按照自己的需求通过目录来浏览资源，同时后台会对文化资源的点击率进行统计，以此作为后期评估的依据。

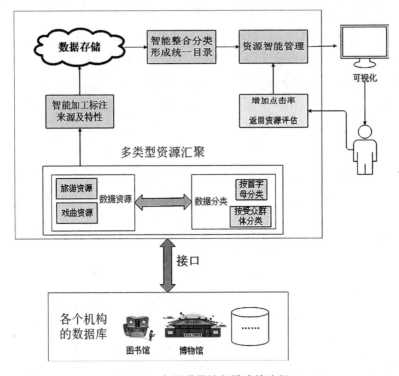

图 6-2   多渠道供给新模式的流程

多渠道供给新模式确保用户在浏览各类开放的文化资源时可以追溯其源头，进而确保文化资源创作者的版权，保障创作者的原创合法权益；同时针对用户的点击率可以获取用户的行为特征资料并进行分析总结，为用户提供定制化的文化资源推荐服务，实现个性化推荐，进而可以极大地提高用户对所需资源的获取效率；用户在对各类文化资源进行浏览时，后台会根据各类资源的浏览程度来进行效能评估和文化作品评估，进而提高整个公共文化资源服务效能评估的准确性和适用性。

通过将各个开放资源库群的公共文化资源和"国家公共文化云"之间建立链接，然后对链接后混乱的资源进行整理、记录，以及对整理后资源进行归档，并形成统一化目录管理，最终呈现给用户。对此，本书主要研发方向是资源库群自动化构建技术，在资源库群之间建立管道接口，对多渠道资源进行加工和标注，形成统一的目录，用来实现资源的智能化调用；可以实现源库群之间资源的互联互通，进而提高资源利用率；在资源互通的条件下利用用户对文化资源的反馈实现供给端资源的按需供给，确保公共文化云的开放性和纽带作用。

一、多渠道、多层次资源库群关键技术

实现多渠道供给新模式首先要实现"多渠道"。文化资源渠道众多，资源库分布广泛，既包括各类公共文化机构资源、公共用户资源，也包括第三方商业机构的文化资源，需要通过管道接口进行链接来建立资源库群。在各类开放的资源库群供给端和"国家公共文化云"之间建立好互补关系，将公共文化云变为各个公共文化资源供给端之间的"桥梁"，令其可以实现更好的互动，这是实现良好公共文化供给的前提。在不同的供给通道中，针对各类文化机构采用不同的供给方式，将类型相似的资源划分到同一供给通道中，为按需供给提供重要的保障，这就要求能实现数据自动感知和分类采集。

（一）公共文化资源库群建设标准规范

研究公共文化资源库群建设与管理的规范与指南、多来源多类型异构文化资源库的元数据语义表达规范与互操作规范，以及其他各类有关公共文化智能化建设的标准等，研发公共文化资源库的数据接口标准，研发公共文化资源库之间的互操作标准。研究任务可以分解为以下几点：

1. 文化大数据资源对象参考模型规范

研究在文化大数据的需求环境下，文化资源对象的构成，资源对象模型应满足多维度（面向不同的阅读对象）、多层次（不同的计算需求）的文化内容表达，提出一个结构规范与各构成要素中属性的定义（例如，加工生成单个内容对象的知识图谱），服务于内容资源对象的设计与内容资源的展示服务。服务于内容的个性化展示，加快内容阅读者的知识认知的形成。

2. 公共文化资源库的存取接口规范

库群应用对库群节点的操作接口，用于读者、资源提供者、资源服务者对库群的文化资源对象数据（包括元数据、资源对象数据）的提交、维护、存

取，文化资源列表的获得（获得条件）。接口规范命令格式以及重定向规范。

3.公共文化资源多主体资源存取协议

设计一种多来源多类型异构文化资源内容的分布式存放方法，实现分布式内容资源对象的存储，保证资源存取的安全与高效。

（二）人智协同、多点协作的文化资源采集加工技术

一种融合多源、多模、多类别的协同数据分布式采集技术框架（如图6-3所示），包含文化资源数据自动感知与采集技术，能实现异构多平台资源的分类采集；基于资源库群内容的协作标引技术，能实现公共文化资源的自动化标注与分类；基于资源库群技术的内容知识多层自动标引的文化资源加工技术。

结合深度学习和弹性搜索等技术，将文化资源分为主体类目和复分类目两层结构，以方便进行分类与检索。构建数字文化资源自动特征的提取和分类框架，建立文化资源级联查询接口方法，便于对文化资源的信息检索。

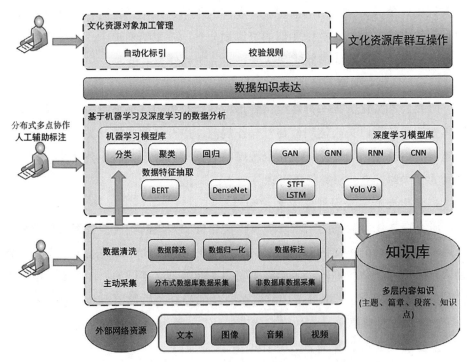

图6-3　基于知识库的人智协同资源采集加工技术框架

二、多渠道资源的智能标注和加工技术

资源库群的资源总体混乱，不利于整理、记录和归档，缺乏对资源来源的记录，以及统一的标识和科学的分类，这就要求利用智能加工技术来标注来源及特性，然后按照资源之间的特性进行分类，形成统一的目录，确保各类资源之间的互联互通，既能方便管理人员对系统的维护，同时也能更方便地服务广大用户群体，提高资源利用率。

在对资源进行标注时，由于多渠道获得的资源种类繁多，传统的标注方式无法满足需求，因此根据架构以及来源的不同分为公共文化机构标注和第三方商业机构标注，然后分别对各自资源库进行智能化的标注，如旅游资源、戏曲资源等。在存储的时候可以按照首字母排序存放各类优先级较高的资源，然后再根据受众人群区分各类次级资源，在创建统一目录时形成多级目录存放，形成整合的供给。通过目录可以链接到各类资源源头，用户在查找资源时可以精确地定位各个资源库群的文化资源，实现公共文化云和各个资源库群之间的互联互通，方便用户更快地检索到自己需要的资源，节约搜索时间，提高用户满意度。

（一）语义规则网的生成、优化及处理技术

针对现有规则系统无法描述更具语义内涵的问题，以及现有的规则引擎不允许用户自主设定的问题，本部分聚焦研究规则网的生成、优化及处理技术，提出了基于计算代价模型的规则网生成算法、基于规则合并与节点替换的动态优化机制、基于规则节点匹配与均衡子图划分的并行处理技术（见图6-4）。

通过结构化规则描述语言对用户的语义规则进行建模，使用规则的图形化方法描述计算规则节点与非计算规则节点，构建规则图模型；计算规则单元流量执行代价，用流量代价小的规则单元替换代价大的规则单元，实现规则网的优化；基于负载均衡、等待依赖代价、通信代价标准，设计规则子网划分算法、规则网通信和映射分配方法，确保规则网并行执行效率最优，进而实现整网的高效并行处理。

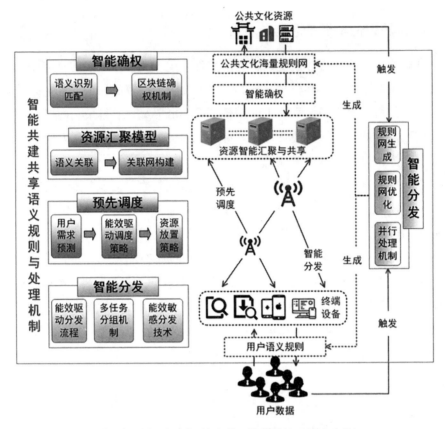

图6-4 语义规则网的生成、优化及处理技术路线

（二）资源库群的自动化构建技术

运用了智能标注技术，能对收集到的资源进行分类，并根据不同的类别自动化生成目录。建立了管理系统，能方便查询不同类型的文化资源，并索引至提供文化资源的数据库，以此实现资源的互联互通。面向多源异构的文化资源库群开放服务，建立了资源库群的分层共识机制；研发了资源库容器，实现了资源库节点的自组织；研发了基本资源服务技术、资源共享存储服务技术、文化资源库应用注册与发布服务工具等。

三、多渠道资源的智能预调度管理技术

将整理好的资源进行统一管理，实现资源的智能调度，最终对用户进行可

视化展示，方便用户通过智能管理系统查找自己想要的资源，并收集用户对文化作品的反馈，为后期的资源评估做依据，同时评估的结果可以反馈给各个公共文化机构，增加多渠道供给的效率。多渠道供给模式还要贯穿全方位、多层次的理念，使公共文化服务体系紧跟人民群众的需求，实现按需供给的目的。

建立公共文化需求和回应机制，调查用户的行为历史，猜想用户需求，预先调度资源，以及基于内容请求驱动的一般资源分发流程，实现资源的按需供给。确保公共文化共享服务的全方位实现，切实保障资源的全面利用；确保公共文化云对资源库群之间的开放服务，建立资源库群的分层共识机制，保障各类文化资源的合法权益；加强公共文化资源的评价机制建设，可以增加第三方评价机构或者其他主体参与评价机制，建立多元、开放、透明的公共文化服务评估体系，同时将评价结果及时反馈，实现公共文化资源服务的上升式发展。

对此，借鉴已有主流分布式数据管理协议，开发了满足库群自动化构建的分布式资源共享服务协议，实现对每一个共享资源节点的文化资源数据集合进行共识验证与存储分发。依据文化资源库群管理的两项技术：基于共识的互操作和分布式内容存取技术，分析在其他领域已经成功应用的相应技术，进行程序代码分析和运行实验，研究了分布式资源库群构建技术、分布式内容数据保存技术、分布式操作共识技术、身份认证技术（节点、用户、数据）。

公共文化云环境的发展使更多的资源都存储在云端，由于云资源的分配效率影响着用户使用云计算服务的感受，所以处于云端的资源更需要合理的分配使用。在云资源调度的过程中，因为云计算环境具有高度的动态性和异构性，不同客户对云计算资源有着不同的需求，所以，需要按照全局最优和整体服务器资源负载均衡的原则来对资源进行合理的调度，根据用户的实时需求预测考虑调度的适时决策，根据用户未来一段时间间隔所需资源的预测结果以及所需资源分布数据，结合服务器负载方差确定资源预调度服务器集合，并基于服务器饱和度和服务器负载方差确定调度服务器，最后根据公共文化云端服务器与用户端服务器链路状况的判断，确定最优预调度链路，以便后续提高资源预调度效率。以此，构建一种基于负载均衡的资源预调度方法。

具体实现流程如图 6-5 所示。

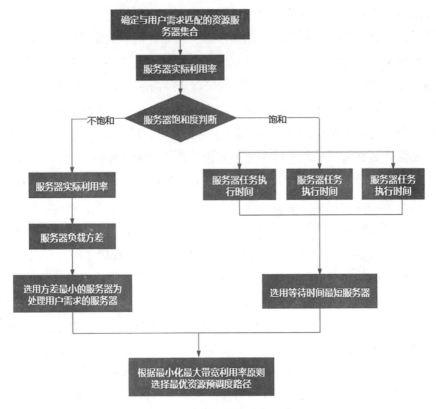

图 6-5　资源预调度流程示意

第二节　全过程智能管理技术

在现代信息技术高速发展的背景下，网络平台上公共数字文化资源众多，公共数字文化资源传播对于建成社会主义现代化文化强国十分重要。如何保证公共数字文化资源在传播过程中原本持有者的权益不受侵害，保障资源效能评估激励的公正性以及促进优质公共数字文化资源的创作成为重要问题。

"国家公共文化云"的公共数字文化资源来自不同的机构与平台，不仅包括图书馆、文化馆、博物馆、美术馆、非遗保护中心、游客服务（集散）中心等公共服务机构，还包括第三方机构的合作资源，以及用户上传的个人文化作品。各个平台的公共数字文化资源分类规则不统一，不利于资源的统一管理。"国家公共文化云"通过多渠道供给新模式对公共数字文化资源进行统一的标识和分类，形成资源目录，然而公共数字文化资源传播过程中存在严重的侵权情况，如果不能有效解决版权问题，保障创作者的原创权益，创作者的原创热情就会降低，进而影响公共数字文化资源内容的整个价值链，最终损害公共数字文化资源的有序健康发展。

因此，为突破传统的公共数字文化资源确权模式，针对公共数字文化资源生成、资源共享信息流转以及服务效能评估激励等环节，提出了一种公共数字文化资源全过程智能管理方案，有利于公共数字文化资源的传播、版权保护和激励创作。

公共数字文化资源全过程智能管理技术主要体现在资源处理的三个阶段：资源生成上链确权阶段、资源发布共享信息上链确权阶段和服务效能评估结果上链确权阶段（见图6-6）。

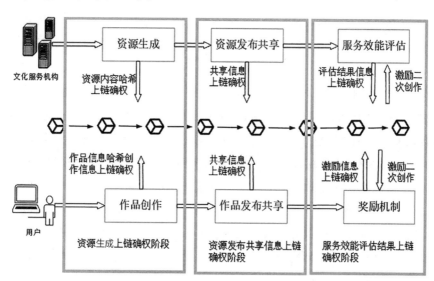

图6-6 基于区块链的公共数字文化资源全过程智能管理技术方案

将区块链技术应用于公共数字文化资源全过程中，提出一种公共数字文化资源全过程版权管理的新模式，利用区块链的智能合约、分散性、不易篡改、可追溯性、开放性和透明性等优点，不仅能实现公共数字文化资源上链确权，还能保障资源共享信息流转以及服务效能评估激励等信息的透明公开，提高资源配置效率，更好地实现公共数字文化资源互联互通，保证数据信息真实可靠，以提高国家公共文化云平台的公共数字文化资源管理效率。

一、公共数字文化资源全过程智能管理

区块链技术记录存储的是一种信息，其核心特点在于通过技术手段来保证存储信息具有可信任性。首先，区块链技术的去中心化，可将存储的公共文化资源分布在多个不同的节点上，防止单一节点存储信息被篡改，从而保证了数据的可信性；其次，区块链技术具有不可篡改性，通过哈希函数将数据区块以链状方式连接，同时确保了每一个区块存储信息稳定不被篡改，强化了存储信息的可信性；再次，区块链技术具有可追溯性，采用只增不减的方式变动存储信息的内容，确保用户上传的数据资源都可以查询追溯，保障了信息的可信性；最后，区块链技术具有数据公开透明性，将所有存储信息和对信息的操作都在各个节点存储记录，保证信息对各个节点公开，增加了信息的可信性。总之，将区块链技术应用到公共文化资源确权中，实现了资源的权属归属以及识别匹配。

利用区块链技术保证公共文化资源智能共建共享平台中存储的电子数据不被篡改，保障确权数据的真实性和原始性。在传播过程中对所有文化资源标记时间戳和区块独特标记，对传播过程进行实时交易记账，依据电子签名、P2P网络技术、加密算法等保证数据资源传播的不可篡改与可追溯性。

对于不同的用户主体，区块链在其作品生成阶段采用的方法是不同的。其中，对于文化机构，在其作品生成阶段，对资源的哈希值进行上链确权，将生成该资源的文化机构以及资源的内容进行绑定，以此来实现对作品生成的区块链确权，还能防止内容被篡改。对于个人用户，在作品生成阶段，将个人用户以及作品创作信息取哈希后上链确权。不仅对文化资源内容进行确权，而且各个机构之间的信息交流和资源的二次创作记录也要存储在区块链数据库中与作品相关联，保证记录可溯源。资源内容上链确权的过程是先上传文化资源文件，系统将提交的资源文件保存至分布式数据库，并为资源文件生成资源内容哈希值，同时通过智能合约将资源名、资源描述、资源内容哈希以及时间戳等

信息上传区块链并同步至所有节点（见图6-7）。

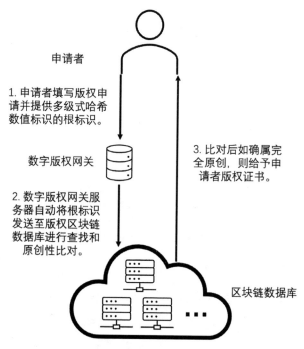

图6-7　公共数字文化资源内容哈希上链确权示意

二、全过程智能管理系统技术体系

区块链智能确权系统服务对象包括普通群众用户以及文化机构，针对群众用户上传的个人资源以及文化机构上传的活动资源进行保护，提供公共文化数字资源的确权服务。

区块链确权系统包括用户注册/登录模块、资源上传模块、审核确权模块、版权交易模块、资源查询模块、侵权反馈模块、智能合约模块、多节点区块链平台（见图6-8）。

多节点区块链平台采用以太坊搭建实现，包括用户节点、审核节点以及司法节点，用于运行相关智能合约、保存资源信息以及相关版权信息，链上数据由所有节点共同保存。智能合约包括上传合约、投票合约、交易合约、查询合约以及反馈合约。

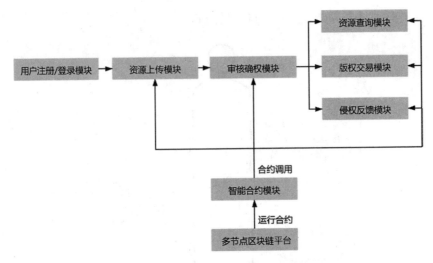

图 6-8　公共数字文化资源全过程智能管理系统逻辑结构

第一，用户注册 / 登录模块用于为用户提供用户注册和用户登录功能。用户注册指新用户注册时首先提交用户注册信息，系统对新用户提交的注册信息进行审核认证，认证成功后采用椭圆曲线加密算法为用户生成公钥和私钥，并由公钥生成用户账号，用户账号、密码与公私钥对唯一绑定；所述用户登录是指用户通过提交用户账号和用户密码进行验证登录。

第二，资源上传模块用于用户上传文化资源文件。系统将用户提交的资源文件保存至分布式数据库，并为资源文件生成资源内容哈希值，同时通过上传合约将资源名、资源描述、资源内容哈希以及时间戳等信息上传区块链并同步至所有节点。所述资源内容哈希值是指采用 SHA-256 算法对资源内容进行哈希运算生成的 32 字节的哈希值。

第三，审核确权模块用于对资源进行确权。当上传资源的用户通过系统发起资源确权申请时，审核确权模块通过审核节点将该资源分配给若干拥有审核资质的专家进行审核，当专家审核完成后通过投票合约进行投票，当票数达到投票阈值时合约自动修改资源的确权状态并将审核结果反馈给用户。若审核结果为成功，投票合约会自动将资源的确权状态更新为已确权，同时系统为资源生成版权 DNA 上传区块链并同步至所有节点。所述版权 DNA 指的是采用 ECDSA 数字签名算法以用户私钥对资源内容哈希值进行签名生成的唯一对应用户的资源版权数字签名；所述资源内容哈希值指的是采用SHA-256算法对资源内容进行哈希运算生成的32字节的哈希值。若审核结果为失败，用户对审核结果存在疑义，用户可以申请走法律程序，系统可为法律判决提供证据支持。

第四，资源查询模块支持对已上链资源进行查询。用户可以在系统中查询其上传的资源相关信息和确权状态并下载资源文件，对于已确权成功的资源，用户可以查看并下载该资源的版权证书。所述资源相关信息包括资源名、资源描述、资源内容哈希以及上传时间戳；所述版权证书的内容包括资源名、资源描述、资源内容哈希以及版权DNA。

第五，版权交易模块支持已确权资源进行版权交易。系统通过交易合约验证资源权属确认交易合法，确认成功后交易合约自动修改资源的版权归属，同时将资源的交易记录上传区块链并同步至所有节点。

第六，侵权反馈模块用于接受用户的侵权反馈信息。系统使用分布式数据库及反馈合约保存用户提交的侵权证据，并向具有法律效力的司法机关提出仲裁申请，并为仲裁提供证据支持。

区块链智能确权系统所针对的用户包括群众用户、文化机构。系统申请确权、资源管理界面如图6-9所示，用户可以管理操作（增、删、改、查）已上传的资源或上传新的资源。

图6-9　区块链确权系统界面

上传资源的操作如图 6-10 所示，填写或上传资源名称、作者、上传日期、封面、简介、类别信息，点击"提交"按钮，便可将资源信息以及用户信息发送至超级管理员，进行确权专家分配（见图 6-11），生成电子数据确权证书（见图 6-12），完成上传资源的确权流程。

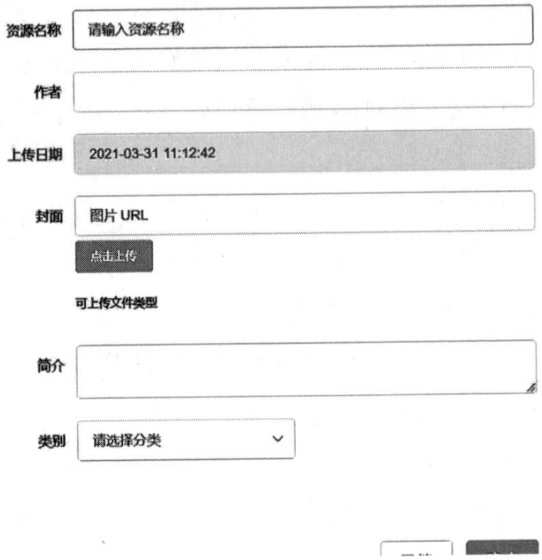

图 6-10　上传资源操作图示

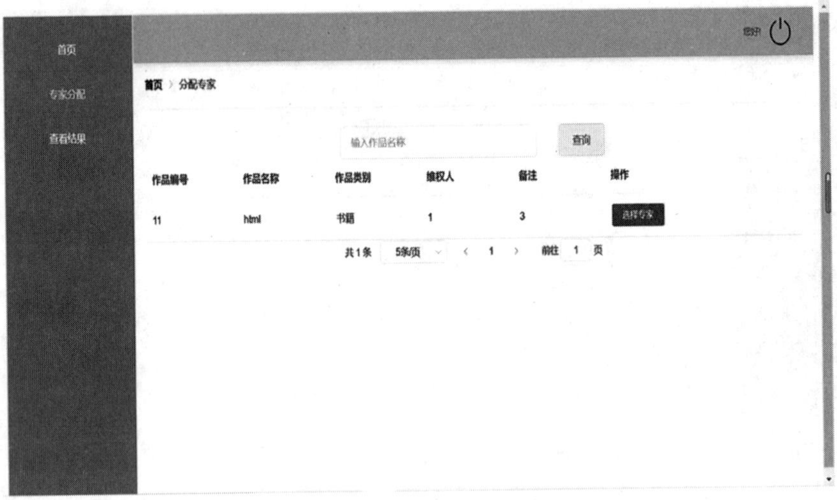

图 6-11　超级管理员的确权专家分配

图 6-12　电子数据确权证书示意

公共数字文化资源全过程智能管理系统的技术体系，主要体现在以下方面：

首先，在海量资源中提取资源权属和归属的信息。利用区块链进行智能确权，建立基于区块链的数字版权交易系统，将出版社、版权登记信息、期刊名、发行机构、防伪水印等信息进行上链操作，作品唯一的数字摘要哈希值就可被写入、存储，并具备不可伪造不可篡改的特性，这就自动完成原创作品的版权信息认证。这些被认证信息内容包括作者名称、内容生成时间、作品内容等。区块链版权平台会拿到作品的哈希值，也就相当于作品的一个电子身份证，而并非直接存放其内容，其他相关上链各方也会同步存储作品哈希值到各方服务器上，同时，所有这些数据都会同步到公证处，因此这些证据就上升到司法层面，具备司法效应。

其次，对部分权属归属明确的公共文化资源进行人工标注。平台会提示如果转载这些文化资源应该标明出处。这样不仅可以使这些文化资源得到更好的传播，而且同时也保护了原创者的版权。利用深度神经网络构建与权属归属相关的语义库，所有与版权相关的区块链平台可以建立一个版权内容数据池，一旦新的文化资源作品上链后，就可以在数据池中比对其他平台数据，监测该作品是否被盗用。在版权领域，只有各种版权内容数据都上链了，并且在同一个链上的时候，才能做侵权监测，这就要求一个区块链平台上能够覆盖各个重要的节点，也包括所有版权生产者，只有这样做区块链在版权领域才能真正落地。

最后，对语义元素进行权属归属分类。对所有资源进行不同层级细粒度资源关联转化，使得无论是从资源元数据还是从知识单元出发，都能实现公共文化资源初步自动确权。构建去中心化数据库，建立分布式数据存储、点对点传输新模式，研究文化资源传播共识机制、加密算法、智能合约，在数字版权等领域保证资源传播的不可篡改与可溯源。在传播过程对所有文化资源标记时间戳和区块独特标记，对传播过程进行实时交易记账，依据电子签名、P2P网络技术、加密算法等保证数据资源传播的不可篡改与可追溯性。所以在分享原创资源的过程中，应该记录下全部痕迹，并可轻松追溯它的全过程，直至源头。

第三节　数字资源个性化推荐与智能分发技术

随着网络的迅速发展及带来的网上信息量的大幅增长，人们从信息匮乏时代步入了信息过载时代，在这种时代背景下，人们越来越难从大量的信息中找到自身感兴趣的信息，信息也越来越难展示给可能对它感兴趣的用户，而个性化推荐、群体文化推送及智能分发是解决该问题的一种有效方案（见图6-13、图6-14），受到了众多的关注和研究。

现有的个性化推荐技术主要应用在商业领域，在公共文化知识方面缺少实践和数据。本书涉及的个性化推荐技术要求构建基于公共文化知识的基础知识图谱，设计公共文化数字资源的语义描述方法，对资源主题进行挖掘，根据用户画像、知识图谱、用户社交等信息从多角度综合预测用户需求，实现用户/资源的双向精准推荐。面向公共文化机构的"云网边端"智能分发。通过协同过滤技术、云网融合等技术对机构用户进行画像、需求分析，构建基于推荐模型的"云网边端"，实现对机构用户的资源智能分发。

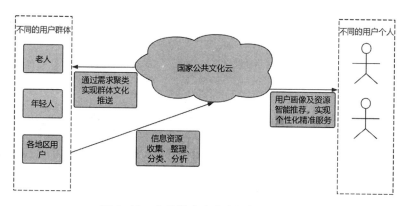

图 6-13　公共数字文化资源服务端示意

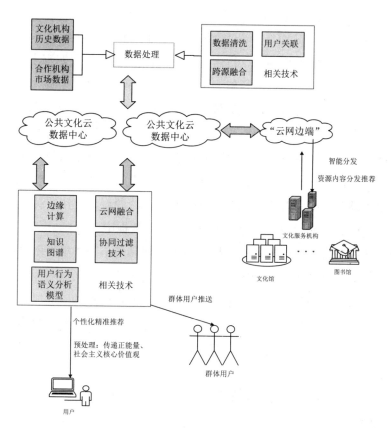

图 6-14　公共数字文化资源个性化推荐、群体文化推送及智能分发新模式

一、个性化推荐

个性化推荐能为用户提供定制化的服务。借助于用户画像等计算机技术，对用户行为数据进行整理分析，构建用户动态画像，根据用户的喜好、兴趣向用户推荐相关信息，以满足用户对信息的需求。开展网络个性化服务是提高信息服务质量和信息资源效益的重要手段，突出了信息服务的主动性，开拓了信息服务的新思路。个性化服务不同于传统的被动服务模式，它能通过各种计算机技术的支持，主动开展以满足用户个性化需求为目的的全方位服务。

个性化推荐通过良好的数据共享机制收集资源、地方数据、市场化数据等，在获得用户授权的情况下通过合法合规的手段收集用户行为特征资料并对其进行总结分析，如兴趣偏好、行为特征等，进而为用户提供定制化的文化资源推荐服务，实现主动推送的目的。个性化推荐能够更加贴合用户需求，为用户的差异性需求、信息过多造成的效率低下等问题提供了良好的解决方法，极大地提高了用户的资源获取率。不同的用户主体对于文化资源内容有着不同的需求。这种差异性需求可以通过该模式解决。模式中资源输入来源为公共文化机构已有的画像数据、合作机构的市场数据。输出端为个人终端或机构的不同场景的服务终端。在资源输入端通过数据清洗、跨源融合、用户关联等技术对数据进行处理，处理后的数据存放在公共文化云数据中心。

个性化服务技术为传统的信息检索技术不能满足不同背景、不同目的和不同时期的查询请求带来了新的解决方案。个性化推荐技术通过对用户行为进行分析总结，学习用户的行为、兴趣从而实现主动推荐的目的。同时通过个性化推荐，能为站点带来更高的访问量。个性化推荐服务能为用户提供更贴合自身需求的信息，大大提高了用户信息获取效率。可以说个性化服务使得信息获取更为有效。

（一）个性化推荐新模式及应用

通过研究海量用户数据、提取用户行为特征、构建用户画像，生成个性化推荐模型。应用于公共文化领域，为用户提供个性化推荐。

内容一：基于多维的用户数据来源。整合公共文化云平台大量的用户历史数据、社会化合作机构的用户行为数据和收集的用户线下数据，收集用户行为特征资料并进行总结分析，构建用户画像，建立用户行为语义分析模型，通过智能理解用户行为真实语义信息，研究用户行为智能建模方法，研究用户的行为偏好及用户画像生成技术，为个性化推荐系统提供技术支持。

内容二：基于公共文化云平台的特色资源推荐。公共文化云平台与商业平台相比，有着独有的特色资源。传统的和商业的个性化推荐模型不适用于公共文化领域。研究用户实体和公共文化资源的图谱关联关系，利用用户画像技术、协同过滤方法等构建基于公共文化的个性化推荐模型。公共文化云平台拥有大量优秀的传统文化资源、主流价值观文化资源等。这些文化资源都是公共文化云平台特有的。很多的传统文化资源只存在于文化机构，公共文化云平台可借助独特的优势对这些传统文化资源进行宣传。通过知识图谱技术对传统文化资源、主流价值观文化资源等不同来源、不同形式的数据进行整合，建立细粒度的资源实体，为个性化推荐系统提供丰富的资源内容。同时可以借助个性化推荐系统宣传主流价值观、社会主旋律和社会正能量。

内容三：基于用户线下数据的定制化服务、资源推荐。常见的商业内容推荐系统仅仅局限于线上的资源内容推荐。公共文化云平台不仅有线上的特色资源内容推荐，还会为用户提供定制化的线下资源推荐。线下的推荐包括为用户提供定制化的参观方案和为用户推荐符合其偏好与需求的文化机构、文化体验活动等。将用户的预约文化机构信息与已有的用户画像数据结合，可为用户提供个性化的文化机构参观方案和文化资源内容推荐。用户的兴趣爱好、访问时长、年龄段等有所不同，每个用户的参观方案也会存在差异。用户在参观时的实时数据信息会及时收集到系统中，并不断完善画像数据，进行更加精准的文化资源内容及文化活动体验推荐服务。

（二）个性化推荐系统

1. 用户画像及个性化推荐系统

该系统由 API 调用推荐系统接口，其中的输入为资源特征抽取数据、资源语义规则，以及用户画像与知识图谱，系统核心推荐算法包含基于深度学习的推荐算法与基于知识图谱的推荐算法两种。两种推荐算法在整体推荐框架中分别完成召回和排序两阶段任务。个性化推荐系统的整体框架如图 6-15所示。

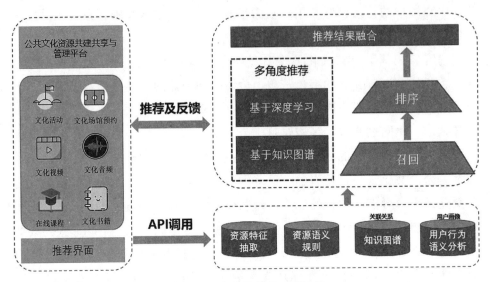

图 6-15　个性化推荐系统框架

公共文化资源数据量巨大，因此在召回阶段，采用基于知识图谱的推荐算法，利用用户对文化资源的行为数据以及文化资源之间的知识联系能够快速从海量资源库中找出用户潜在感兴趣的资源。在排序阶段，采用基于深度学习的推荐算法来对用户点击资源的可能性进行预测，根据预测结果进行排序。最后，将推荐结果进行融合送入推荐界面。

2. 用户画像及个性化推荐关键技术

为了满足个性化推荐服务新模式需求，在公共文化知识图谱关联关系系统构建实施方案、公共文化领域知识图谱本体模型构建的基础上，进一步研究了面向公共文化领域的短文本主题抽取、知识图谱实体对齐等关键技术，用以拓展和丰富公共文化知识图谱的知识语义信息。同时，在前期设计的基于用户与文化资源潜在因子模型和基于知识图谱的两种推荐算法的基础上，根据文化资源推荐算法跨域推荐时出现的问题，提出了基于图谱的多元资源推荐模型，为后续智能精准推荐系统研发提供技术支撑。

　　公共文化知识图谱关联关系系统构建涉及知识建模、知识获取、知识存储、知识表示、知识融合和知识计算等关键技术。其中，知识建模采用自上而下和自下而上相结合的方法；知识获取包括实体识别、关系抽取、属性抽取和事件抽取，将该步骤中识别出的实体和已有通用知识图谱中的实体进行融合（实体链接），根据链接结果和相关知识向上丰富本体。为了便于做关联分析等知识计算，采用图数据库的技术存储知识，同时利用表示学习的方法进行知识表示。为了用于表示资源的内涵，反映资源的类别，提出了基于 BERT 模型的文档—词共现图构建方法、基于文档—词共现图互信息最大化的主题推断方法，从而实现面向公共文化领域的短文本主题抽取。文档—词共现图的构建过程如图 6-16 所示。

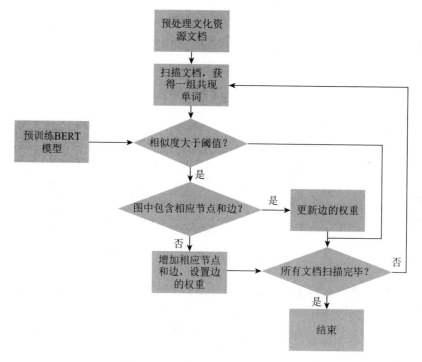

图 6-16　文档—词共现图构建过程

　　在文档—词共现图中，所有单词节点构成多个连通子图，每一个连通子图可以被认为是一个主题域，每个文档节点通过直接相连的单词节点与多个连通子图相连，这些连通子图即确定了每个文档所属的主题范围。确定文档的候选主题后，使用图卷积神经网络（GCN）获得每个连通子图的嵌入表示，通过定义正负样本对，建立基于互信息最大化的图嵌入模型并进行采样训练，进而完成文化资源文档主题词的推断。

3.公共数字文化资源个性化推荐算法

与商品推荐不同，在不同形式的数字文化资源中能找到相同主题内容的文化资源。目前，基于图谱推荐算法大多是面对单一资源设计的，随着知识图谱的规模逐渐扩大，这类算法已无法解决多类型资源的跨域推荐。为了解决文化资源推荐中的特殊问题，需要设计一种基于图谱的多元资源推荐算法，通过构建公共文化知识图谱建立资源之间的关联关系，实现个性化多元资源的推荐。基于图谱的多元资源推荐模型如图 6-17 所示。

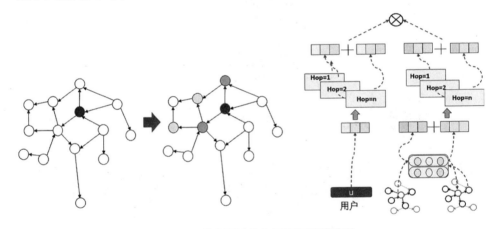

图 6-17　基于图谱的多元资源推荐模型

该模型认为与用户感兴趣的资源类型不同但主题相似的资源同样属于用户潜在偏好，因此刻画用户属性时，将资源的主题属性加入其中，丰富资源的特征表示。该模型能够通过不同类型资源在图谱中偏好传播的方法，不断自动发现用户的潜在层级兴趣。

二、群体文化推送

"国家公共文化云"可以利用平台优势，对海量资源进行高度整合和智能加工，有效助力不同层级的文化馆文化普及工作。普及工作包括全民艺术知识普及、全民艺术精品普及、全民艺术技能普及和全民艺术活动普及。随着社会的进步，人民群众的文化需求也越来越高，人们希望能接触到更加优秀的文化作品。对于艺术技能普及，平台可以提供更多的艺术技能培训、艺术技能课程等资源或服务，让对艺术有追求的人们能学习到更多的艺术技能。在全民艺术活动的普及方面，平台需要收集更多的传统艺术节日活动资源。大部分地区拥有地区特色的民俗活动，平台需要借助资源优势将各地的民俗活动保护起来，并帮助特色艺术活动在人民群众中更好地推广。群体文化推送服务可应用于公共数字文化领域平台以满足群体用户的文化需求。

（一）群体文化推送新模式及应用

群体文化推送面向的是不同的群体用户。不同的群体用户有着不同的文化资源需求，需要分析不同用户群体的特征以差异化进行文化资源推送。

（1）基于文化区的多元资源推荐。中国不同地区，拥有不同的地理风貌。不同地区风土人情、风俗习惯也不尽相同。按照不同地区的不同文化特色可将中华文化区划分为 17 个文化区。其中包括东北文化区、云贵高原文化区、内蒙古文化区、青藏高原文化区等。不同的文化区有着自己的特色文化，这对于文化资源的加工和智能推荐是一个大的挑战。

（2）基于群体的公共文化知识图谱的多元资源推荐。群体用户的划分没有固定的标准，可以根据年龄、学历、职业、地域等进行划分，继而针对每个用户群体构建不同的群体用户画像。群体用户画像是指运用一定的统计、分类、聚类等数据挖掘方法对用户间的相似性进行计算。将用户划分为不同的类别，每个类别的用户群体具有相似特征，然后对每个用户群体的共性特征进行提炼和表示，"绘制"出能够表征该用户群体特性的虚拟的用户画像代表，据此进一步实现基于用户所属群体爱好的智能化推荐。

（二）群体文化推荐系统

该系统中的输入分为三部分，分别为用户画像、资源标注以及知识图谱，系统包含基于用户与文化资源潜在因子模型的推荐系统与基于知识图谱的推荐系统两个子系统。

1.群体文化推荐系统简介

推荐系统和知识图谱通过特征交叉共享信息，弥补自身信息稀疏性。推荐部分输入用户和文化资源的特征表示，输出推荐预测。知识图谱输入图谱三元组的头节点和关系，输出预测尾节点。算法通过交替学习方式对两个模型进行优化。训练的时候首先固定推荐系统模块，训练知识图谱的参数，然后固定知识图谱特征学习模块的参数，训练推荐系统的参数。文化资源智能精准推荐系统框架如图 6-18 所示。

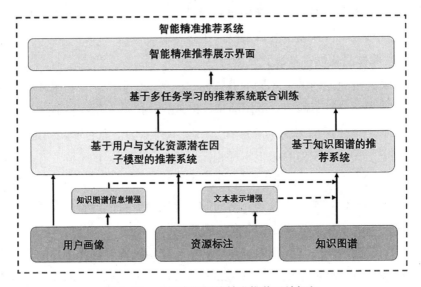

图 6-18　文化资源智能精准推荐系统框架

2.群体文化推荐系统关键技术

研究现有资源中的用户行为，为其构建语义分析模型。研究基于公共文化资源及用户行为的画像生成方案。利用对图书借阅数据集对模型进行测试，根据测试结果对模型进行改进。用户画像生成方案的具体流程如图 6-19 所示，系统构建涉及知识建模、知识获取、知识存储、知识表示、知识融合和知识计算等关键技术。

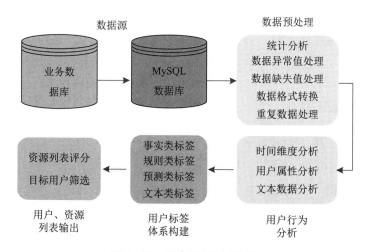

图 6-19　用户画像生成流程

3. 群体文化推荐系统主要算法

公共文化资源数据量巨大，因此在召回阶段，本书采用基于知识图谱的推荐算法，利用用户对文化资源的行为数据以及文化资源之间的知识联系能够快速从海量资源库中找出用户潜在感兴趣的资源。算法的框架如图 6-20 所示。

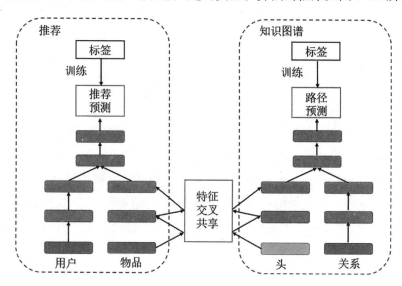

图 6-20　群体文化推荐系统算法框架

采用 Apriori 算法进行关联性分析，从支持度、置信度和增益三个方面设置阈值，输出符合要求的关联规则。在排序阶段，采用 FM 算法对召回后推荐资源做精准个性化推荐，加入用户画像中的更多特征。

三、智能分发

智能分发应用于公共数字文化领域来满足不同机构的文化需求。现有的推荐模式或算法不能针对不同的机构实现不同的文化资源推送。各种主题不同类型的文化馆、图书馆等文化机构，对于文化资源有着不同的需求。研究海量用户实体之间的公共文化知识图谱关联关系，借助平台内资源的行为数据构建用户画像、知识图谱，并结合其他技术生成智能分发推荐模型。通过对文化机构的主题、需求进行分析，对机构需求的特征进行提炼和表示，来"绘制"出不同机构的画像。通过知识图谱、协同过滤技术、云网模型等将资源进行精准分类，提供针对机构用户的文化资源精准分发服务，从而实现不同性质的文化机构能及时获得不同的推荐内容。

（一）智能分发新模式及应用

（1）基于"云网边端"的多元资源"推拉"机制。不同主题的文化机构对文化资源的需求不同。这对推荐算法有了新的要求，需要根据文化机构的主题来实现资源推荐。文化机构也可以根据机构需求来选择资源。通过面向公共文化机构的"云网边端"可实现基于机构主题的资源内容精准分发推荐，并满足机构对资源的主动拉取。

根据文化机构的主题实现资源推荐，核心思想是建立机构主题内容与推荐内容的相关性，然后基于相关性为机构推荐相关的文化资源。推荐机制基于机构的主题内容进行建模，实现面向公共文化机构的"云网边端"，进行资源内容精准分发推荐。文化机构可以根据实际需求来选择资源。文化机构选择相应的资源后，"云网边端"的异地资源调度等技术手段会为文化机构提供相应的资源。

（2）基于不同终端形式的资源内容推荐机制。文化机构的终端设备种类繁多。不同的设备对文化资源形式需求不同，所以需要推荐算法实现针对不同终端设备推荐不同的文化资源。文化机构现有的终端设备有着不同的形式，每种终端设备所展示的内容形式也有所不同，这就要求"云网边端"根据不同形式的终端设备进行资源内容的智能分发。

（二）智能分发系统相关技术

研究不同主题文化机构中的资源需求，为其构建语义分析模型。研究基于公共文化资源及机构资源需求的画像生成方案。结合协同过滤算法、机构资源画像等建立推荐模型，对模型进行测试，根据测试结果对模型进行改进。系统模型涉及知识建模、知识获取、知识存储、知识表示、知识融合和知识计算等关键技术。

第四节　公共数字文化服务效能评估技术

为了实现新模式下公共文化的有效传播，完善国家公共文化云平台服务的评估体系，建立公共文化资源效能评价模型，进而优化国家公共文化云平台的评估激励体系（见图6-21），对评估指标体系、公共文化资源服务效能评估模型、公共文化作品评估等相关课题进行了研究，建立了科学合理的评估激励模式，以提高公共文化服务体系的准确性和适用性。

国家公共文化云平台的使用主体主要包括文化机构、机构用户以及个人用户三类。

（1）公共文化机构。对公共文化资源平台与线下的文化机构示范点进行服务效能评估，将线下的用户访问数据与已有的线上数据相结合为用户提供定制服务、参观方案，在用户结束参观时，获取评价反馈，系统通过分析用户的反馈信息为服务进行评估打分，进而优化服务效能。对文化机构产出的公共文化作品进行分析评估，根据综合分析结果对优秀作品产出机构采取奖励机制。

（2）公共文化机构用户。对机构用户的文化作品进行评估：主要是通过对文化作品的热度等多维因素综合分析来为作品打分，将作品的评估信息进行上链，并将评估结果优秀的文化作品及其产出者进行推广及奖励，激励方式主要采取机构内部奖励和平台奖励两种方式。

（3）公共文化平台个人用户。文化作品的产出很重要的一部分来自二次创作，通过对个人用户产出的文化作品的热度等多维因素综合分析进行评估，对于优秀作品的产出者采取积分奖励等方式进行激励，增加高质量的二次创作作品产量。

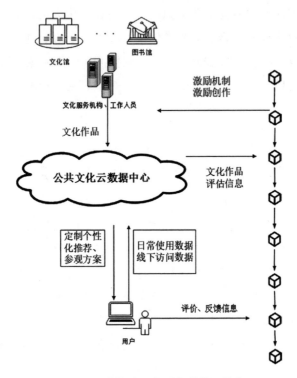

图 6-21 公共数字文化服务效能评估体系

一、公共文化机构评估体系

自公共文化服务的概念提出以来，国家多次发布了相应的政策及文件，对公共文化服务体系的建设及发展进行了详细的安排与规划，同时，也提出了开展公共文化服务效能评估的要求。当前，我国公共文化服务的效能评估工作还处于刚刚起步的阶段，没有形成一个完善的效能评估体系。对于效能评估的政策、评估的主体、评估指标、评估实施过程、统计数据收集、评估结果反馈等内容并没有一个清晰明确的规定，公共文化服务效能评估有待研究的内容非常丰富，需要不断投入精力加以完善，建立一个符合我国公共文化服务现状的效能评估体系是当务之急。

公共数字文化资源服务效能评估是运用科学合理的评估方法，对公共文化服务机构、内容、过程、效果等进行单一方面或综合方面的评估，以反映一个地区的公共文化服务的基本情况。它是社会公共文化服务建设的重要组成部分，是构建现代公共文化服务体系的题中之义，是促进政府投入效益最大化的必然选择，是保障公民文化权益的有效途径。针对文化机构的差异性、资源服务的多样性以及地域发展情况的不均衡，需要提出一种多层次、多维度、多粒度的公共文化服务效能评估建模技术，对图书馆、文化馆和文化站等公共文化机构的相关数据进行融合统一，设计一套客观、真实反映公共文化资源服务体系功能实现程度和服务效能的评价指标集合，对现有的公共文化资源服务建立科学有效的效能评估模型。

（1）基于定制化服务的服务效能评估。通过个性化推荐模式的基于用户线下数据的定制化服务、资源推荐机制，为用户提供个性化的参观方案，在用户参观结束时，邀请用户进行问卷调查、服务打分、填写服务信息反馈及对文化机构的一些期望和改进建议。系统根据收集的用户反馈信息对服务进行评估打分，并分析出不足；利用结果反馈，促进示范点发展，同时利用用户线下行为数据，优化平台智能推送，提高平台服务效能（见图6-22）。

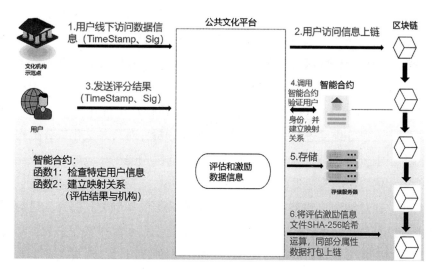

图 6-22　公共文化机构评估激励流程

个性化推送—反馈模式流程：根据用户日常使用数据情况对其进行画像，记录用户使用习惯及偏好；通过线下示范点上传用户出行信息（包括用户预约线下文化馆、用户进入文化馆等信息），结合示范点场馆数据信息，实时推送资源信息及定制用户个性化参观方案，通过线上推送便于用户查看；通过网络问卷调查等方式邀请用户进行反馈，包括对个性化方案、示范点文化资源、个人意见等方面进行打分反馈；将反馈结果提交给示范点，便于示范点进行整改及提升；示范点将用户线下行程信息上传，将用户线上线下数据结合，综合分析优化个性化推送服务，提高平台服务效能。

（2）服务效能评估体系。以区块链的资源全生命周期确权模式为基础，对公共文化机构上传的文化作品进行综合分析，围绕优秀作品产出量、二次创作使用率等多维因素建立文化机构作品评估模型，综合评定机构优秀程度，确保优秀文化机构及文化作品获得合理评级。

首先，在公共文化机构服务效能理论研究方面，由于对服务效能的定义及评估指标尚未形成统一并得到广泛认可的标准，且大多数理论研究和指标评估仅局限于图书馆和传统的线下领域，文化馆、文化站及其线上服务关注度较少。因此，在已有理论研究的基础上，对比分析国内外各种评估方法，对课题所涉及的公共文化机构服务效能进行界定，对服务效能所包含的各个方面进行归纳，对影响服务效能的相关因素进行分析，对各级公共文化服务机构的资源服务进行调研，采集相关数据，形成完整的数据处理系统；开展数据预处理、数据分析、松耦合架构以及分布式编程方法研究；研究定义评估准则，确定评估准则与具体评估指标之间的关联关系，分析各评估指标的权重，用于进一步建立适用于本课题研究的评估指标体系。在构建评估指标体系基础上，在时间、地理、人群等维度进行公共文化资源热度分析，对公共文化服务机构的服务进行多层级分析研究，为不同层级的文化服务机构提供相应的服务效能评估模式，为评估模型的构建提供支撑。

其次，在总结和梳理公共文化资源和服务数据的基础上，研究先进的大数据智能挖掘算法和技术，构建大数据智能分析与挖掘系统，实现更为科学、真实、准确的公共文化资源服务效能评估。在数据处理方面，对提高数据质量和增强数据适用性两方面开展相关研究，根据不同种类数据的不同特点，制定与之对应的数据处理方法。针对数据质量问题，研究了多源异构文化数据的降维、去重、去冗余算法，利用补充残缺数据、筛查重复数据、设定来源数据权威级别、设定数据合法性判定规则、建立数据体系等方式分别解决数据完整性、唯一性、权威性、合法性和一致性的问题。

　　最后，在数据分析方面，先对数据分析的四个关键方法，即四维分析法进行研究，初步拟定了各个分析层次的主要分析目标，提出了以松耦合架构为基础，针对效能评估系统的分布式编程框架，涵盖了逻辑结构框架、硬件框架、功能架构等各个方面；再对常用的数据分析手段进行深入研究，并汇总各个分析手段的常用算法，包括线性回归、神经网络等文化数据分析方法；之后了解各种常用算法的基本概念、用途、使用方法和计算结果指标解读，并构建相应的应用场景或分析模型。

　　例如，在对图书馆构造相应的服务效能评估模型过程中，在热度分析方法研究方面，以图书馆为热度分析出发点，分别从人群角度和主题维度构建热度分析模型。其中，进行人群角度热度分析时在对 RFM 模型进行改进的基础上，构建图书热度分析 BRAM 模型（见表 6-1）；主题维度热度分析研究思路则如图 6-23 所示，通过热门图书数据生成用户群体阅读偏好向量，利用聚类分析开展用户阅读偏好研究，并发现具有相似群体阅读偏好的图书馆，为图书馆建设提供帮助。

表 6-1　图书热度分析 BRAM 模型

传统 RFM 模型	图书热度分析 BRAM 模型
—	B（beginning）图书首次借阅时间点与入馆上架时间间隔
R（recency）用户最近一次消费时间点与观测截止时间点的间隔。	R（recency）最近一次借阅时间点与观测截止时间点的间隔
F（frequency）在观测时间内用户交易次数	A（average）在观测时间内本种图书所有本被借阅的平均时长
M（monetary）在观测时间内用户消费的总金额	M（mean）在观测时间内本种类图书被借阅的平均时长

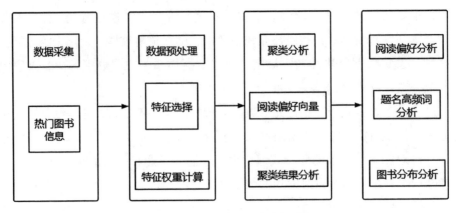

图6-23　主题维度热度分析流程

（3）文化机构评级。建立科学合理的文化机构等级架构，综合评定文化机构表现，包括优秀文化作品产出率、线下用户访问量、线下服务效能评估结果等，对文化机构进行评定分级，针对优秀文化机构，采取增大资源获取权限、增加作品推送、公示优秀文化机构、重点扶持优秀文化机构等措施进行激励。

在文化机构等级架构中引入职称评审机制，即不同等级的文化机构除考虑上述因素以外，对具有相关职业证书的工作人员数量进行要求，既促进文化机构吸纳更多专业人员，提高文化机构服务效能，又鼓励已有工作人员进行专业学习提高其职业技能，最终使得群众文化专业人员深入群众扎根基层，进一步提升公共文化平台服务效能。利用区块链的智能确权保障评估激励结果信息的安全性，包括文化作品评估结果、激励结果信息、职称证书同其所属文化机构信息等，打包上链确权，利用区块链不可篡改的特性确保文化机构评级安全行使，避免专业人员"一证多属"等形式主义问题发生。

二、机构用户及个人用户文艺作品评估体系

基于大数据、云计算等时代性技术热点，面向文化服务均等化的重大社会需求，是优化文化服务模型、提高公众文化参与度和满意度的关键所在，更是文化产业发展的必经之路，能够有力地促进我国文化领域的持续繁荣发展。公共文化作品作为文化产业发展的重要载体，具有方便获取、形式多样等特点，在普及公共文化过程中发挥着重要作用。文化作品的创作用户主要分为机构用

户和个人用户。文化作品评估模型的建立主要考虑热度、二次创作使用率等指标。针对不同的用户需要采取不同的激励机制，通过激励机制来激发用户的创作热情。国家公共文化云平台服务效能评估体系，根据应用场景可针对不同类型的文化创作灵活切换，满足对不同机构不同类型的文化创作作品的评价，通过对用户发表的作品进行评估，优化公共文化资源产出及传播，建立更为科学、真实、准确的公共文化资源平台。

（1）基于激励机制的机构用户文化作品评估。以区块链的资源全生命周期确权模式为基础，通过获取用户对各类资源创作作品的使用情况、利用率、相关评论或分享等信息，主要围绕作品受欢迎程度（热度）、二次创作使用率等指标建立机构用户文化作品评估模型，综合评定作品优秀程度。对于优秀作品作者，采取文化机构及公共文化平台两种途径进行奖励，增加机构用户创作热情。

一是文化机构。将机构用户信息同所属文化机构等信息打包上链，建立映射关系，利用评估系统对机构用户产出作品进行评估，收集其评估结果作为文化机构评级依据并将相关结果收集转发至相关机构，相关文化机构制定内部标准对优秀文化作品产出者进行奖励，包括内部资源开放权限、积分奖励、奖金等形式，甚至可以将其纳入晋升职位的参考标准。

二是公共文化平台。对于优秀文化作品产出者，采取线上奖励形式，包括增加机构用户的资源获取权限、积分奖励、发放培训资格等，将机构用户信息、所属机构、奖励信息等一同打包上链，确保公共文化平台激励机制合理执行以及文化机构评级机制安全运行。

（2）基于激励机制的个人用户文化作品评估。伴随着公共文化机构的健全，与其职能相适应的基本公共文化服务项目免费向群众提供，包括独立学习室、娱乐活动室、宣传廊、文化艺术辅导培训等公共服务，除此以外，为了满足广大基层群众多层次、多样化的需求，开展了多种多样的公益性服务，包括公共图书馆深度参考咨询服务、高端艺术培训服务等公共服务。而开展这些服务的主要目的并非营利而是吸引更多的群众参与到公共文化建设当中，因此需要建立对积极参与公共文化建设的群众的激励机制，激励更多群众积极参与，加快文化建设。而考量群众参与公共文化服务积极性的一个重要方式就是对其产出的文化作品进行评估考量。文化作品很重要的一部分来自二次创作。所以，应研究文化作品评估激励机制，通过作品的评估激励机制激励个人用户，让个人用户有更大的热情进行文化作品创作。

以区块链的资源全生命周期确权模式为基础，建立个人用户文化作品评估模型，围绕作品阅读量、二次创作影响力等指标综合评定作品优秀程度，对于优秀作品产出者采用增加推送量、积分奖励、积分兑换等形式来鼓励刺激创作、二次创作，借此优化公共资源的传播。通过公共文化平台与线下文化机构合作，除去宣传各文化机构所开展的公共文化服务以外，对积极热情参与公共文化服务建设的个人用户，可以采用提供免费的线下深层次公共文化服务等奖励形式，增加个人用户的参与热情，有效宣传与普及公共文化服务。将个人用户信息同奖励信息打包上链，确保对个人用户评估激励机制的有效运行。

第七章 公共数字文化资源共建共享案例研究

研究团队充分利用国家前期布局的公共数字文化惠民工程等重大项目的科技成果，以公共数字文化资源的智能共建共享与管理为研究对象，针对管理平台构建相关的科学问题和共性关键技术展开系统研究，阐明公共文化资源智能服务模式的科学问题，提出第三方认可的全国公共文化资源系统解决方案，构建了大数据共建共享与分析平台，实现了公共数字文化资源智能共建共享与管理的目标，并为实践示范提供理论基础。

针对公共数字文化资源服务效能不高的问题，研发了不同资源主体间组织管理及交互的规范，设计了基于"国家公共文化云"的平台运行策略，结合国家公共文化服务体系示范区建设工作，考察并选取不同层级（国家、省、市县、乡村站点）以及不同类型（文化馆、图书馆、博物馆、旅游景点）的公共文化服务机构，开展课题示范点的平台部署和验证，对项目研究工作进行应用示范（具体示范技术路线参见图 7-1）。采用"点—面"结合的策略有针对性地选取不同类型、层级、地域的示范点，结合多种方式验证平台功能及环节，实现整体方案的示范引领作用，促进国家公共文化服务体系示范区的建设。

这一章节的内容旨在通过选取部分应用示范点来体现项目整体研究成果的落地示范及示范路径，并试图体现各示范点的共性与个性。

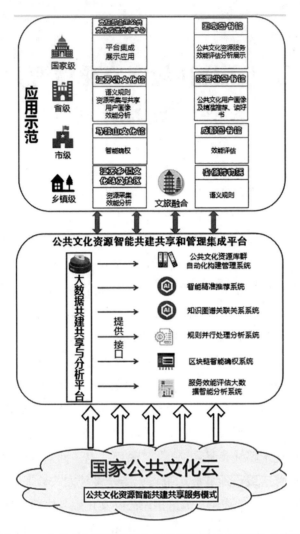

图 7-1　公共文化资源智能共建共享模式应用示范技术路线

第一节　国家公共文化云平台的共建共享实践

文化和旅游部全国公共文化发展中心（简称：发展中心）成立于 2004 年 5 月，前身为文化部全国文化信息资源建设管理中心，主要承担全国文化信息资源共享工程建设的规划设计、组织实施与协调管理工作。2012 年 11 月，更名为文化部全国公共文化发展中心，职能方面增加了开展公共文化服务体系建设政策理论研究、群众文化活动指导、组织及相关人员培训等。2018 年，中央机构改革后，更名为文化和旅游部全国公共文化发展中心[①]。

经过多年的文化共享工程建设，发展中心基于覆盖全国的 6 级网络服务体系，联合各省份搭建了由"国家公共文化云＋地方文化云／数字文化馆平台"构成的公共文化云互联互通平台，为全民艺术普及资源建设与品牌服务、公共文化领域重点工作提供了安全可靠的算力保障，有力支撑了全民艺术普及资源数据的生产、存储、传输、分发。同时，在公共文化云互联互通平台底层，可部署相关标准的技术系统，接入国家文化专网，为全民艺术普及资源数据汇入中华文化数据库打通通道。

本节以"国家公共文化云"集成平台应用为示范，与现有公共数字文化惠民工程进行实验性对接，由应用示范点通过公共文化云平台向用户提供统筹的文化资源服务（见图 7-2）。

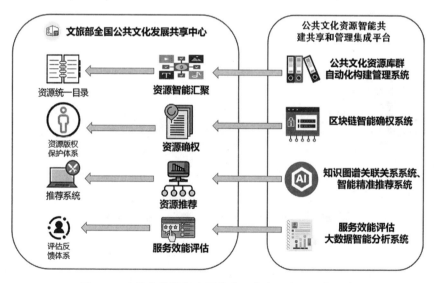

图 7-2　文化和旅游部全国公共文化发展中心示范示意

---

① 参见：https://www.mct.gov.cn/gywhb/jgsz/zsdw_jgsz/201903/t20190315_837773.htm。

一、概况与目标

将资源库群自动化构建管理技术与公共文化云多渠道资源供给模式相结合，建立资源库群并实现文化资源的智能整合汇聚（见图 7-3）。

利用面向多源异构的文化资源库群构建服务使资源库之间可以共享数据，实现对各种类型资源的聚合。部署资源库：将资源库与资源库群路由注册服务系统对接，形成资源目录便于公共文化资源的智能调度；部署内容链：存储库中需要版权保护的内容资源。

运用标签智能加工技术实现资源的自动标注，以方便资源汇聚后的自动化管理。使用集成平台为各应用示范点提供接口，可以完成资源的对接，将资源同步到资源库中，资源对接平台系统可以进行资源的标签加工，架构后的资源可以用库群分发技术上传到国家公共文化云平台，完成资源的采集加工上传工作。

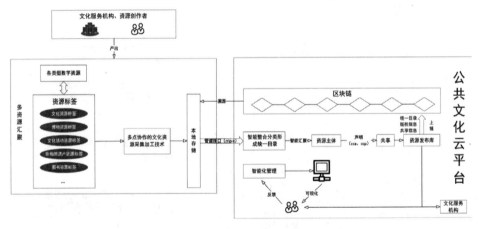

图 7-3　公共数字文化资源智能整合汇聚示意

将公共文化资源全过程管理模式与语义规则技术和区块链技术相结合，建立区块链智能确权系统，完成公共文化数字资源的确权服务。通过文化资源权属的语义识别、匹配及区块链的资源确权机制实现公共数字文化资源的智能确权。对部分公共数字文化资源权属归属进行人工语义标注；利用深度神经网络构建元数据和权属归属之间的映射关系；通过语义描述层级的控制，对众多资源进行权属归属分类；进行不同层级细粒度资源关联转化，使得无论是从资源元数据还是从知识单元出发，都能实现公共文化资源的初步自动确权。

基于区块链技术，构建去中心化的数据传输机制，采用非对称加密技术，保障传输的数据内容不被第三者窃取；构建信用证明机制，确保节点都有唯一公认的区块信息，保障资源传输记录的准确性与公正性；构建所有权认证机制，对传输的资源进行数字签名，为传输的数据资源打上不可销毁的标签；构建数据保密机制，对传输的资源数据以加密格式存储，保障数据所有者的权益，防止因数据泄露造成对所有者权益的侵害。

将个性化推荐、群体文化推送及智能分发模式与知识图谱关联关系和智能精准推荐技术相结合，建立知识图谱关联关系系统与智能精准推荐系统为用户进行文化资源推荐。通过多维的用户数据（包含线下访问数据以及线上浏览数据）建立用户画像，通过公共文化知识图谱构建技术对不同的公共数字文化（具有相同主题）资源建立关联关系，从而达到用户个性化多元资源的精准推荐。通过分析用户行为，为其构建语义分析模型，为用户进行群体文化推送服务。构建的知识图谱通过公共文化云平台可以建立应用示范点之间的数字文化资源关联关系，使得各个应用示范点之间的数字文化资源方便快捷地呈现给用户。

将公共文化平台评估激励模式与公共文化资源服务效能评估模型技术相结合，建立服务效能评估大数据智能分析系统，公共文化云平台为各应用示范点提供接口，完成评估反馈结果的上传及下载。针对线下服务，对公共文化云平台与线下的文化机构应用示范点的合作进行服务效能评估，利用个性化推荐、群体文化推送及智能分发子模式为用户提供定制化服务，平台系统邀请用户参与问卷调查、服务打分以及提出对文化机构的一些期望和改进建议，获得评价反馈。应用示范点通过平台获取相应的反馈结果进而优化自身服务、提高效能。针对线上服务，利用公共文化资源服务效能评估大数据智能分析与挖掘系统对应用示范文化机构产出资源进行分析评估，平台系统为应用示范点提供接口传输评估结果，应用示范点可以通过接口上传对公共文化平台的分析评估、资源推送、综合服务等方面的意见与建议，进而优化提升平台服务效能。

基于以上内容，集成平台对其功能进行整合，从而形成功能完备的公共文化集成平台，最终面向用户进行整体展示，提供一个统一的登录页面，服务于个人和机构两类用户。

（1）第一类：个人用户

1）"猜你喜欢"：进行个性化推荐的内容展示，集成平台对接用户数据和行为数据，将推荐结果在该版块进行展示。

2）"我的订阅"：用户在该版块可以设定规则，将规则数据传给语义规则系统，再将查询到的结果返回到国家公共文化云展示。该版块页面显示"当前订阅""我的规则""历史规则""热门规则推荐""我不喜欢的规则"等可设置的选项。

3）"资源中心"：个人用户选择自己感兴趣的资源进行浏览。

4）"个人中心"：包括个人信息、个人积分等，设定上传资源、资源确权后增加积分等规则，个人用户可上传自己的资源，进行管理，并进行相应的确权操作。

5）个人用户操作流程：个人用户在国家公共文化云平台登录后，可以在平台六大栏目浏览资源，形成用户行为数据，该数据为集成应用示范—猜你喜欢栏目资源推荐提供依据。

用户进入集成应用示范—猜你喜欢栏目，选择自己感兴趣的资源进行浏览；用户进入集成应用示范—我的订阅栏目，可以进行资源订阅，也可以对已成功订阅的资源进行浏览；用户进入集成应用示范—资源中心栏目，选择自己感兴趣的资源进行浏览；用户进入集成应用示范—个人中心栏目，可以上传资源并进行资源版权认证，在浏览记录子栏目可以查看自己所有的资源浏览情况（见图 7-4）。

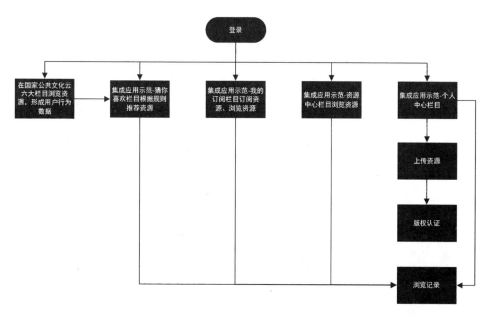

图 7-4　个人用户操作流程

（2）第二类：机构用户

1）"资源管理"：基于资源库管理，在该版块显示资源和资源标签。

2）"资源分析"：利用知识图谱技术、语义规则系统的数据分析成果，呈现一些当前最热门资源的内容，供机构查看使用。

3）"资源发布"：利用资源确权系统，机构用户根据具体活动内容，统一上传用户的活动照片，并进行资源确权。

4）"效能评估"：嵌入效能评估系统返回的页面，为每个示范点/机构分配账号，登录后按照权限显示该示范点及下属市县的服务效能分析结果。

5）机构用户操作流程：示范点机构用户在国家公共文化云平台登录后，进入集成应用示范—资源管理栏目，选择自己感兴趣的资源进行浏览；进入集成应用示范—资源分析栏目，查看资源分析数据；进入集成应用示范—资源发布栏目，可以上传资源并进行版权认证；进入集成应用示范—效能评估栏目，可以查看本机构的效能评估数据（见图 7-5）。

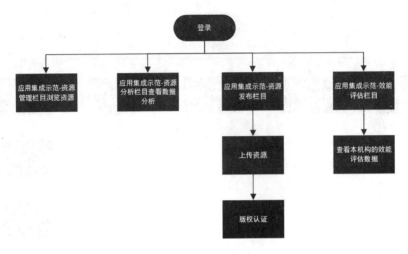

图 7-5　机构用户操作流程

二、应用技术路径

（一）资源库群

1. 访问路径

国家公共文化云机构用户登录→资源库导航→资源库群节点资源拉取→资源打标签→热点资源同步国家公共文化云。

2. 页面设计

（1）国家文化云机构用户登录：在国家公共文化云选择机构用户登录，输入用户名、密码、验证码后点击登录（见图 7-6）。

图 7-6　国家公共文化云机构用户登录界面

（2）登录后点击课题中的公共文化资源库群自动化构建系统（见图7-7）。

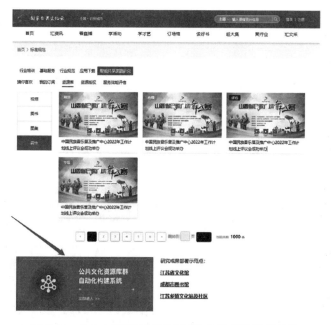

图7-7 公共文化资源库群自动化构建系统登录导航

（3）点击后跳转到资源库系统中并且以当前用户自动登录（见图7-8）。

图7-8 资源库系统自动登录界面

（4）在资源库系统中可点击数据拉取功能进行节点之间的数据拉取（见图

7-9）。

图 7-9　数据拉取界面

（5）拉取资源后对资源交易数据进行记录（见图 7-10）。

作为消费记录					作为提供方记录			
提供方资源库编号	请求动作	参数	操作时间		消费方资源库编号	请求动作	参数	操作时间
0009	ListRecords		2022-04-28T20:15:14		0007	ListRecords		2022-04-28T20:55:34
0007	ListRecords		2022-04-28T20:17:09		0007	ListRecords		2022-04-28T20:55:36
0009	ListRecords		2022-04-28T20:20:10		0007	ListRecords		2022-04-28T20:55:37
0009	ListRecords		2022-04-28T20:22:04		000d	ListRecords		2022-04-28T20:55:47
0007	ListRecords		2022-04-28T20:24:54		000d	ListRecords		2022-04-28T20:55:48
0009	ListRecords		2022-04-28T20:24:55		000d	ListRecords		2022-04-28T20:55:50
0007	ListRecords		2022-04-28T20:25:45					

图 7-10　资源交易数据记录

（6）对拉取资源进行标签加工（见图 7-11）。

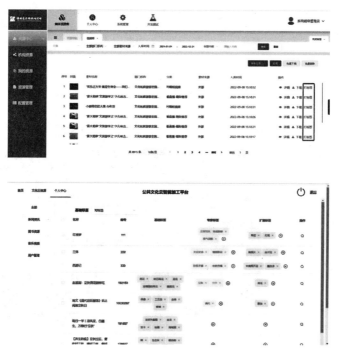

图 7-11　资源标签加工

（7）加工后可以在资源库中查看资源标签（见图 7-12）。

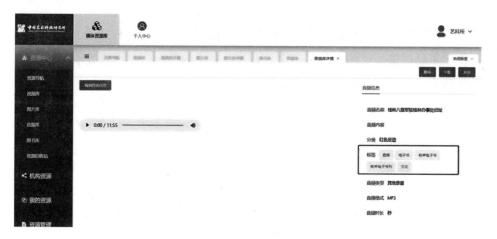

图 7-12　资源标签查看

（8）加工后的资源可以在国家公共文化云上进行展示（见图7-13）。

图7-13　加工后的资源在国家公共文化云上展示

3.集成流程

资源库群示范应用和国家公共文化云进行资源数据对接和打通，并进行机构用户信息对接，在国家公共文化云系统上登录的机构用户可以查看自己上传的视频、图书、图集和音乐四类资源。

（1）系统接口（见表7-1）

表7-1　系统接口

序号	接口名称	接口地址	接口描述
1	资源获取	http://api.culturedc.cn/third/queryRes/reslist	从国家公共文化云获取资源
2	标签获取	http://172.20.115.55：8301	从资源标签系统拉取标签
3	资源获取	http://172.20.115.55：8301	存储资源获取记录

（2）服务部署清单（表7-2）

表 7-2　系统服务部署清单

部署内容	服务器配置	服务器数量
图书发布系统	4核4G（CPU：4，内存：4096 MB	1
书法字体发布系统	4核4G（CPU：4，内存：4096 MB	1
音乐发布系统	4核4G（CPU：4，内存：4096 MB	1
女书发布系统	1核1G（CPU：1，内存：1024 MB）	1
资源库群路由服务系统	1核1G（CPU：1，内存：1024 MB）	1
智能标签系统	4核4G（CPU：4，内存：4096 MB	1
媒体资源库系统	8核16G（CPU：8，内存：16384 MB	1
媒体资源库数据库	8核16G（CPU：8，内存：16384 MB	1

（二）智能订阅、资源确权

1. 访问路径

（1）智能订阅：国家公共文化云→聚行业→集成应用示范→我的订阅。

（2）资源确权：国家公共文化云→聚行业→集成应用示范→个人中心→版权认证。

2. 页面设计（见图7-14、图7-15）

图 7-14　国家公共文化云—聚行业—我的订阅界面

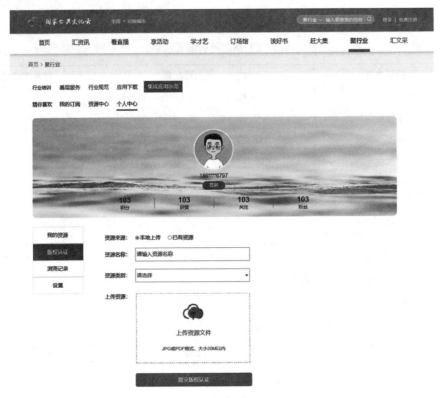

图 7-15　国家公共文化云—聚行业—集成应用示范登录界面

3. 集成流程

（1）"智能订阅"：打通国家公共文化云用户与资源数据的对接，国家公共文化云当前已登录用户可以在示范页面进行资源规则定制，智能订阅系统则根据当前用户提交的订阅规则进行订阅资源推荐，并以开放接口的方式将订阅结果数据返回给国家公共文化云示范页展示。

（2）"资源确权"：集成马鞍山市文化馆的资源确权结果，和国家公共文化云暂不进行深度数据对接，前期以页面集成的方式集成区块链确权系统中的图片、书籍、视频和音乐四类已确权的资源并展示。

（三）个性化推荐

1. 访问路径

访问路径：国家公共文化云→聚行业→集成应用示范→猜你喜欢。

2. 页面设计（见图 7-16）

图 7-16　国家公共文化云"个性化推荐"集成应用示范界面

3. 集成流程

个性化推荐系统和国家公共文化云打通了资源、用户和用户行为数据。个性化推荐系统基于国家公共文化云当前已登录的用户进行行为数据分析并按照权重计算出推荐资源结果，以 API 接口方式将推荐资源数据返回到国家公共文化云个性化推荐示范页展示。

（四）服务效能评估

1. 访问路径

访问路径：国家公共文化云→聚行业→集成应用示范→效能评估。

2. 页面设计（见图 7-17）

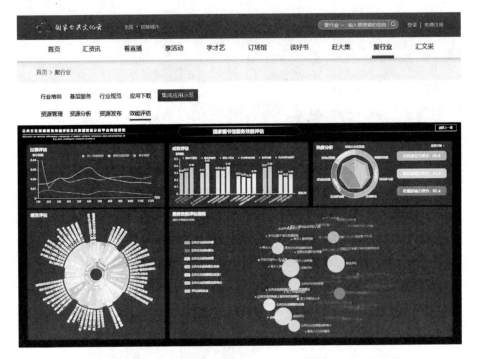

图 7-17　国家公共文化云"服务效能评估"集成应用示范界面

3. 集成流程

国家公共文化云以页面嵌入的方式嵌套服务效能评估展示页，并单独为各示范点开放单独的入口，以外链的方式进行跳转，前期暂不与国家公共文化云进行深度数据对接。

第二节　江苏省文化馆的资源加工处理与效能评估实践

江苏省文化馆原名江苏省群众艺术馆，建于 1956 年 9 月，2002 年更名为江苏省文化馆。是隶属于江苏省文化和旅游厅的公益性事业单位，承担着指导全省群众文化业务工作，组织全省群众文化艺术创作，举办政府指令性及社会公益性群众文化艺术活动，开展非物质文化遗产保护，出版群众文化刊物，进行群众文化艺术的调查研究、理论研讨，开展社会艺术教育等重要任务；同时也是群众进行文化艺术活动的场所，在全省的社会文化艺术活动中，起着重要的导向、示范作用①。

在此，将以江苏省文化馆为示范点，对其与国家公共文化云之间进行语义规则、资源采集与共享以及服务效能分析等方面的应用示范进行介绍（见图7-18）。

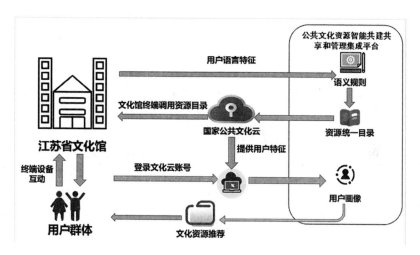

图 7-18 江苏省文化馆示范示意

一、语义规则应用

一是利用语义规则技术，对江苏省文化馆的文化资源进行处理，主要包括标签提取、文档相似度分析、主题模型分析、文档分类和聚类等。

二是通过对用户行为语义分析模型，通过构建语义关系网络来描述语义的信息，提供群体用户的文化精准推荐服务，实现面向江苏省当地的资源服务。

三是通过江苏省文化馆示范点的用户实体之间的公共文化知识图谱的构建及结合智能推荐算法实现智能分发服务。

具体路径如下：

用户录入所需规则，该规则将保存至规则网。用户有权利管理该规则（删

---

① 参见：江苏省文化馆官方网站，http://www.jsswhg.com/about/。

除、修改）；规则网通过与江苏省文化馆数据对接，从而执行规则；通过前期调研，所需规则包括但不限于资源数据、用户数据；如果规则被满足，便执行该规则，执行结果通过两种方式反馈给用户：如果有结果的链接，将通过信息推荐反馈用户；可通过手机短信方式将执行结果发送给用户（见图7-19）。

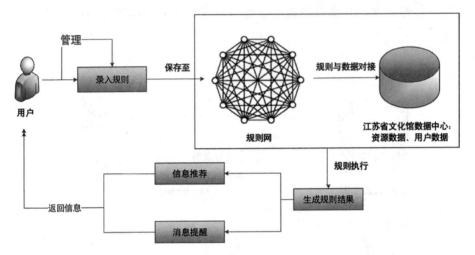

图7-19 语义规则系统应用示范

具体实施步骤包括：场馆提供数据（资源数据、用户行为数据），用于提取数据规则、关键词、标签等信息；针对提取的数据信息，将系统进行优化，生成符合江苏省文化馆的语义规则系统；将系统部署到服务器，重点工作为数据对接。

二、资源采集、加工与共享实践

江苏省文化馆作为一个资源发布站点，实现与国家公共文化云平台的资源对接，并运用标签智能加工技术实现资源的自动标注，以方便资源汇聚后的自动化管理，并解决以下问题：

一是解决文化资源库群多源异构的问题。开发满足库群自动化构建的分布式资源共享服务协议；面向多源异构的文化资源库群开放服务，实现资源库群的分层共识机制。

二是解决内容资源存储与分发的问题。实现对每一个共享资源节点的文化资源数据集合进行共识验证与存储分发；实现资源共享存储。

三是解决不同资源库发布方式多元的问题。研发资源库容器，实现资源库节点的自组织，研发基本资源服务技术；研发文化资源库应用注册与发布服务。

具体路径如下：

环境要求：基于发布机构自治的数字内容资源发布网络平台——内容链；面向开放版权交互协议的资源库群路由服务系统；资源库（图书资源库、书法资源库、音乐资源库、女书资源库）；技术环境要求：操作系统 Linux，数据库 PostgreSQL，服务器 / 虚拟机：7 台（每台需要 1T 磁盘空间）。

面向多源异构的文化资源库群构建服务实施步骤：主要包括 4 个资源库部署以及 1 个资源库群路由注册服务系统的部署（见图 7-20）。

江苏省文化馆提供的公共数字文化资源，有文字、音频、视频等格式。以视频为例，智能加工系统可以从视觉、文字、语音、运行行为等多个维度对视频信息进行分析，识别视频中的人物、物体场景、地标、文字、语音等内容。

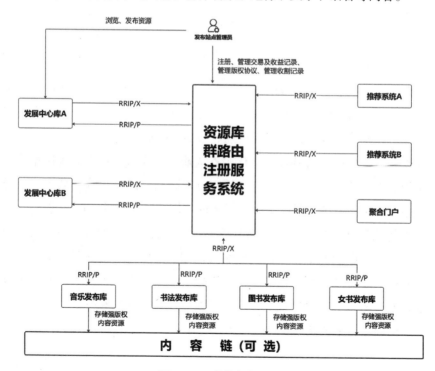

图 7-20 整体部署图示

通过集成演示系统接口或者本地数据库获取江苏省文化馆提供的资源，也可以将资源存放在本地数据库中，智能加工软件对资源进行语义标签生成，存储到本地数据库，在公共文化资源加工软件平台中进行展示。当用户对资源进行搜索时，可以进行标签的关键字匹配，丰富挖掘资源的语义描述，便于用户寻找获得资源。

三、效能评估应用

一是利用服务效能评估大数据智能分析系统对江苏省文化馆进行服务效能评估和重点资源数据分析。

二是在数据满足分析条件的基础上，利用江苏省文化馆场馆、软硬件数量、人员、活动等综合数据，结合效能评估指标体系，对现有的公共文化资源服务建立科学有效的效能评估模型，进而进行评估打分。

三是通过获取用户参与各种文化活动的情况，主要围绕场馆所举办的活动等建立主题评估模型，综合评定公共文化服务的受欢迎程度，并展示相关热力图。

具体路径如下：

效能评估系统整体框架如图 7-21 所示，系统采用松耦合架构设计，由系统前端、系统后端与数据仓储构成，各业务模块之间相互分离，使用数据接口进行通信。在系统集成时，可实现单独业务功能的集成。

数据分析模块包含公共数字文化服务效能评估模型、热度分析模型等支撑示范应用的关键技术，通过可视化大屏对计算分析后的结果进行展示。可视化平台遵循开放访问原则，后端引入相关数据流接口和缓存数据库即可。

首先从江苏省文化馆获取三部分信息数据：公共文化效能评估指标体系、各指标主观权重以及各指标所涉及的实时数据；然后将指标体系及权重送入数据分析模块，建立公共文化效能评估数学模型以及热度分析模型，根据实时数据完成数据分析与算法模型训练，得出场馆效能评估结果和热度分析结果，最后在展示页面进行集成展示。

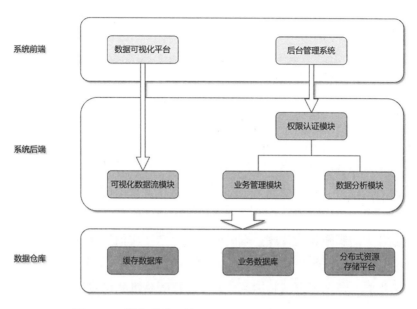

图 7-21 服务效能评估数据可视化示范系统整体框架

场馆服务效能评估主要包括场馆的过程评估、成效评估、绩效评估、热度分析以及服务效能评估等指标（见图 7-22）。

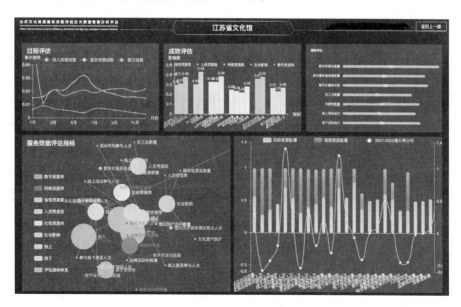

图 7-22 场馆服务效能评估页面

第三节　马鞍山市文化馆的智能确权实践

马鞍山市文化馆成立于 1955 年，现馆建成于 1971 年；内设文艺部、美术摄影部、培训部、非物质文化遗产保护部、信息技术部、办公室、社会工作部和市文化志愿者协会秘书处等机构；多次被原文化部命名为"一级文化馆"；该馆"数字文化馆"建设被原文化部列为全国首批十个试点单位之一。其主要职能是：组织、指导、开展全市群众文化艺术活动，研究群众文化艺术，培训业余文艺骨干，实施免费开放，推进群众文化数字化信息化建设，组织文化志愿者开展文化惠民服务，保护和传承非物质文化遗产①。为承接好马鞍山首批国家公共文化服务体系示范区和国家公共文化服务标准化试点城市任务，马鞍山市文化馆持续创新，不断丰富数字文化服务内容，在拓展体验馆服务内涵、探索服务方式的同时，积极开展数字文化线上服务，同时结合当代文化传统与特色，不断创新文化馆的空间数字化、智能化建设，为公众提供更多优质、快捷、实惠的公共文化服务。

一、概况与目标

区块链智能确权系统在国家公共文化云的集成管理平台统一部署，将区块链智能确权系统的访问接口开放给马鞍山市文化馆云平台。

马鞍山市文化馆通过区块链智能确权系统确定资源版权保护，保护原创者权益，鼓励积极创作以及共享资源。

通过利用区块链技术保证用户上传到资源智能共建共享平台中存储的数字资源能实现作品版权的自动确权，保证资源不被篡改，保障确权资源的真实性和原始性。

在资源的共享和传播过程中对所有文化资源标记时间戳、进行区块独特标记，对传播过程进行实时版权交换记账，依据智能合约技术、加密算法保证数

---

① 参见：文旅马鞍山公共数字文化服务平台，http://www.wlmas.com/mas/user_index#firstPage。

据资源的不可篡改与可追溯性。

二、应用技术路线

区块链确权系统功能架构如图 7-23 所示。

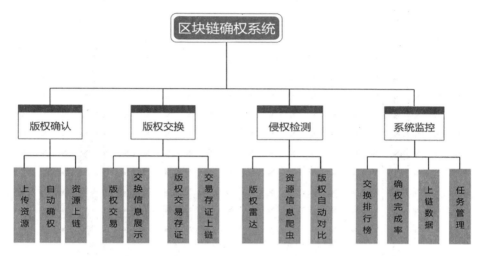

图7-23 马鞍山市文化馆区块链确权系统功能架构

马鞍山市文化馆根据地方文化馆组织的摄影展活动向群众征集图片，并由马鞍山市文化馆工作人员将图片资源上传至区块链系统，以此测试侵权流程。

首先是资源上链（上传图片），上传图片大小最大为 4MB，按要求填写信息并上传后，会显示在待确权列表中。

其次，在上链完成后，资源信息会出现在上传成功列表，资源则会显示在主页中。此时资源也会出现在待确权列表，如需要对上传资源进行确权，点击功能表中最后的确权按钮会进行自动确权，确权行为将会和确权库中已有图片进行对比，如果相似度未高于设定阈值则会自动对该图片确权，并且会自动将图片信息显示在已确权列表中，如果高于设定阈值，则图片确权申请被驳回，出现在驳回列表中。

最后，在已确权列表中点击（证书查看），即可获取对于该作品的确权证书（见图 7-24）。

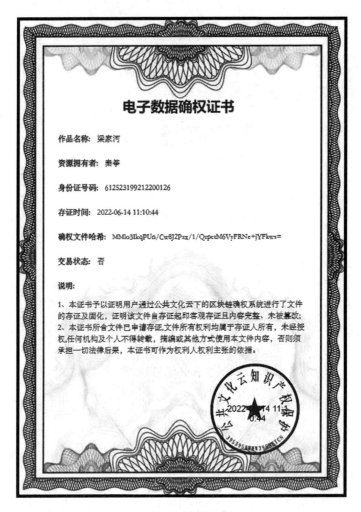

电子数据确权证书

作品名称： 梁家河

资源拥有者： 秦筝

身份证号码： 612523199212200126

存证时间： 2022-06-14 11:10:44

确权文件哈希： MMlo3IkqPUn/Cw8J2Pzx/1/QrpctM6VyFRNe+jYFkws=

交易状态： 否

说明：

1、本证书予以证明用户通过公共文化云下的区块链确权系统进行了文件的存证及固化，证明该文件自存证起即客观存证且内容完整、未被篡改；

2、本证书所含文件已申请存证，文件所有权利均属于存证人所有，未经授权任何机构及个人不得转载、摘编或其他方式使用本文件内容，否则须承担一切法律后果，本证书可作为权利人权利主张的依据。

图 7-24　确权证书

第八章　实现公共数字文化资源共建共享的运行保障

公共数字文化资源共建共享模式的优化运行有赖于相关保障体系的建立，主要包括法律法规、人才队伍、财政资金、信息安全、标准规范和社会力量参与等方面。同时，这些保障措施还需要相互协调与配合，方能形成一个全方位的保障体系，这直接关乎公共数字文化资源共建共享模式的可持续发展。

第一节　加大法律法规保障

完善的法律法规，是公共数字文化资源共建共享实践的根本性和强制性保障，即有法可依、有据可行。纵观我国当前的公共数字文化服务现状，可发现其中有关大数据与知识产权、信息安全、地方公共文化服务保障等方面的相关立法还相对薄弱。

一要完善大数据运用与数据库版权方面的法律法规。当前，我国对大数据应用进行规范的文件多是地方规范性文件和工作文件，而缺乏在公共文化领域的相关法律法规。但事实上，在公共数字文化资源共建共享实践中，不可避免地会涉及数据开放共享的界限与标准等相关问题。为此，国家应该从法律法规层面予以解决，具体应考虑大数据在公共数字文化服务领域应用的原则、目的、渠道、技术、内容等方面，以及大数据应用其间所产生的信息安全问题[①]。通过完善大数据在公共数字文化服务领域的立法保障，进而为公共数字文化资

---

① 金莹.智慧化：公共文化服务的时代转型［M］.北京：中国社会科学出版社，2020：170.

源共建共享提供行为依据和制度支撑。

在公共数字文化资源共建共享实践中，面对来自不同供给主体所生产、提供的数字资源，必然需要打破原来存在的著作权人、数据库权利人、公共文化机构、最终用户等参与主体之间的版权平衡状态，各参与方的利益关系均需重新调整，这肯定无法绕开数据库的版权问题[①]。其中，在公共文化服务领域与版权有关的数据库主要包括三种类型，即开放存取数据库、自建数据库和商业数据库，而在这三类数据库的共建共享实践中均涉及多元供给主体的利益关系和版权问题[②]。因此，也需要国家从顶层设计层面建立相应的法律法规，通过出台系列数据库版权声明和使用公告，进一步强化参与方之间的版权意识[③]。

二要加强建立信息安全法和地方公共文化服务保障法规。现代信息技术发展在推动公共数字文化服务建设的同时，亦随之带来了一些信息安全方面的问题，如服务平台遭遇攻击和入侵、个人隐私信息被盗或泄露等。可以说，信息安全已成为当前社会普遍关注的一个话题，亦是公共数字文化资源共建共享实践中亟待解决的法律法规问题。

所谓信息安全，从广义上来说是指组织或个人的信息需要保存在一个秘密的地方，并且有严密的保护措施，以防止被盗和破坏等信息损失的发生；从狭义上来讲则是指信息系统不受偶然的或恶意的因素影响而遭受损害、变更、泄露，使其能持续可靠地正常运营[④]。而在公共文化服务领域加强信息安全法的建立，则有助于提升公众对公共数字文化服务的安全感，从法律法规上明确公共数字文化服务中有关信息安全涉及的对象，对相关参与主体的权责予以规定，对数字信息共建共享的条件、界限和标准以及信息泄露如何进行处理等相关内容予以规定，以确保公共数字文化服务中的信息安全维权有据[⑤]。

此外，在公共文化服务领域，虽说国家层面已出台了《中华人民共和国公共文化服务保障法》等法规为公共文化服务供给问题提供保障，但针对我国不同区域的地方性公共文化服务保障法规则较为稀缺。而将宏观规定因地制宜进

---

① 张彦博，等.文化共享工程建设与服务［M］.北京：北京师范大学出版社，2013：247.

② 高峰.公共数字文化资源整合中的数据库版权问题［J］.图书馆论坛，2015（12）：11-12.

③ 高峰，肖希明.公共数字文化资源利用中的公众版权意识调查［J］.图书馆，2015（9）：88-94.

④ 陈家迁.信息安全技术项目教程［M］.北京：北京理工大学出版社，2016：4-5.

⑤ 金莹.智慧化：公共文化服务的时代转型［M］.北京：中国社会科学出版社，2020：164.

行微观细化，则可为公共数字文化资源共建共享实践提供法律支撑，有助于实现公共数字文化服务的均等化，进而提升公众的获得感、幸福感和安全感。

当然，在加强为公共数字文化资源共建共享模式运行建立法律法规的同时，也需要落实好严格规范执法和加强普法宣传的工作，全面提升不同参与主体对公共数字文化服务领域的法律法规意识。

第二节　加强实践队伍建设

公共数字文化服务人才队伍的建设，是公共数字文化资源共建共享模式的构建和有效运行的强大后盾。公共数字文化服务人才队伍主要包括信息安全专业人才、信息技术专业人才、公共文化服务人才等，目前我国公共数字文化服务领域的人才质量和数量均不足，需要加快建立健全人才队伍培养、激励和评价机制来实现人才队伍建设，扭转公共数字文化资源共建共享实践中专业人才匮乏的现状，充分挖掘公共数字文化服务人才队伍的创造力。

首先，在人才培养机制方面，可从两个方面展开，即依托高校、科研院所的规模化培养以及开展不同类型的职业培训。在《"十四五"公共文化服务体系建设规划》中明确指出"推动将公共文化管理纳入学科体系，依托国内重点高校、科研院所，培养高水平公共文化服务管理人才"。因此，要弥补公共数字文化资源共建共享实践的人才不足，高校、科研院所的培养是第一位的。

通过开设信息安全、信息技术、公共文化服务、文化治理等专业课程，进行跨学科交叉培养，以适应公共数字文化服务领域之需；同时，需要为人才培养提供良好的实践平台，如通过与信息技术公司、信息安全相关企业以及相关公共文化机构的合作建立相应的人才培养基地，使其充分了解本专业相关领域的实际现状、发展前景、专业优势等方面的知识，以更好地为公共数字文化资源共建共享实践提供复合型人才。此外，各级政府和文化部门可以通过不同形式的培训，如开展与公共数字文化服务相关的职业培训，通过开展特定服务项目，通过与专业培训机构的合作，开展公共数字文化资源共建共享实践的多元化培训等，切实推进"智慧化"人才的培养。

其次，如何使用人才、留住优秀人才则直接关系到公共数字文化资源共建共享模式运行的持续性和稳定性。为此，需要建立健全人才激励、评价机制，最大化留住和发挥专业人才在公共数字文化资源共建共享实践中的创新价值。各级政府和文化机构可采取物质和精神相结合的多元形式，调动公共数字文化服务人才的积极性和创造性，如在保持薪酬待遇与相关行业、社会发展相一致的基础上，打通职业发展通道，配合与之相适应的培养开发措施，还可通过专业素养提升、知识技能培训等让其感受到成长激励，进而强化人才队伍自身社会价值体现认同激励①。而在激励人才的同时，也需要建立相应的人才绩效考核体系，将其绩效表现与激励手段相结合，全面激发专业人才的智慧创造。

第三节　完善财政保障机制

财政经费保障，是公共数字文化资源共建共享模式中所有运行保障实现的基础，它关乎模式运行的稳定性和延续性。尤其是在当前数字化时代背景下，公共数字文化服务领域中的基础性数字化设施投入较大，而财政经费则是确保现代信息技术是否能够顺利应用于公共文化服务领域的重要因素②。

其一，明晰各级政府的支出责任。在《"十四五"公共文化服务体系建设规划》中亦指出"要建立健全权责明晰、保障有力的公共文化服务财政保障机制，落实国务院办公厅印发的《公共文化领域中央与地方财政事权和支出责任划分改革方案》，明确各级政府公共文化服务财政支出责任划分，依法将公共文化服务经费纳入本级预算，保障公共文化服务体系建设"。为此，在公共数字文化共建共享模式构建及其运行实施中自然亦需要明晰与协调各级政府间财权和事权的关系，在明确政府间的事权基础上，明确与之相适应的支出责任划分。同时，激发中央与地方的财政保障协作机制，明确中央和地方在公共数字文化资源共建共享实践中的财政支出责任范围，进而为模式的有效运行提供财

---

① 金莹.智慧化：公共文化服务的时代转型［M］.北京：中国社会科学出版社，2020：183-184.

② 金莹.智慧化：公共文化服务的时代转型［M］.北京：中国社会科学出版社，2020：184.

政保障。

其二，通过多渠道拓展资金来源。当前，虽说我国公共数字文化资源共建共享实践中已逐渐形成多元供给模式，但在财政保障方面主要还是由中央和地方财政组成，仍面临较大的财政压力[①]。实践证明仅靠财政资金是不够的，而是需要拓展多渠道融资方式，吸引社会力量建立公共数字文化服务发展基金。为此，各级政府需要充分发挥公共数字文化服务平台信息公开、资源聚合的优势，引导各种社会力量关注公共数字文化服务领域，愿意参与投资、融合和共建。同时，各级政府也需要借鉴国外多元筹集资金的经验，如美国采取激励集资的方式[②]、英国采用发行彩票的方式集资[③]等。

其三，建立资金监督与绩效评价机制。资金的透明化与监督评价是保障资金科学合理规范使用的重要手段，资金使用的不透明、监督约束力度弱极易导致公共文化资金使用不规范、不到位、挪用等问题[④]。因此，在公共数字文化资源共建共享过程中需要建立健全资金使用公告和监督体制，各级政府和文化机构需要将公共数字文化资源共建共享中的资金使用情况通过公共数字服务平台定期公开并接受社会监督。而社会监督不仅需要关注资金内容的真实性，还需要建立公共数字文化资源共建共享实践中的资金绩效评价机制，发挥绩效评价的激励约束作用，同时建立相关的追责和纠偏制度，进而整体提升资金的使用效益。

第四节　建立健全标准规范体系

所谓"标准"是指"为了在一定的范围内获得最佳秩序，经协商一致制定并由公认机构批准，共同使用的和重复使用的一种规范性文件"[⑤]。公共数字文

---

① 刘莉.浙江省基本公共文化服务标准化、均等化财政保障研究［J］.市场论坛，2016（8）：11-14.

② 冯庆东.美国公共文化服务体系建设与管理的主要特点及启示［J］.人文天下，2015（16）：18-21.

③ 金莹.智慧化：公共文化服务的时代转型［M］.北京：中国社会科学出版社，2020：185.

④ 傅才武，等.现代公共文化服务体系建设中的财政保障标准研究［J］.福建论坛（人文社会科学版），2015（4）：44-51.

⑤ 标准化工作指南（第1部分：标准化和相关活动的通用词汇）［M］.北京：中国标准出版社，2001.

化资源共建共享模式所面向的是多元供给主体生产提供的多源、异构、分散、无序的数字文化资源，如何对其共建共享，需要建立健全与之相关的标准规范体系，方能统一各构成要素而形成合力，继而更好地服务于社会公众，并满足公众日益增长的数字文化需求。

在具体的操作实践中，需要以我国公共数字文化资源共建共享进程的切实需要，优先考虑采纳国内外现有的较为成熟的标准规范，制定或适当修改国内外还未成熟的标准规范，推动其上升为行业标准或国家乃至国际标准，如此方能确保数字文化资源在不同系统的通用性、交互性和可操作性，最终推动公共数字文化资源共建共享模式的有效实施和可持续发展[①]。

公共数字文化资源共建共享模式的标准规范体系，主要包括数字资源内容创建、数字资源描述、数字资源组织、数字资源管理、数字资源服务、数字资源长期保存、数字资源服务评价等方面的标准规范。随着文化共享工程和数字图书馆推广工程的实施和推进，我国目前已完成了相关标准规范的制定[②]，所以公共数字文化资源共建共享模式的标准规范体系建设应尽量采纳或完善现有的标准规范，在此基础上，根据模式运行的实际需要协同相关行业领域共同开展新的标准规范（如多点协作文化资源加工、数字资源采集、数字资源库群互操作、数字平台资源共享操作、多主体资源自动存取协议等[③]）编订工作。

第五节　推动共建共享的社会化发展

公共数字文化资源共建共享是一项社会化文化服务活动，它的有效实施需要汇聚大量的人力、物力和财力共同投入参与。但长期以来，因公共数字文化服务的均等化、公共性等特质，在一定程度上使得社会力量整体参与的动力不足，其供给主体多源自政府和文化机构，这将直接影响数字化时代背景下公共

---

① 唐义. 我国公共数字文化资源整合模式研究［M］. 武汉：武汉大学出版社，2017：252.

② 唐义. 我国公共数字文化资源整合模式研究［M］. 武汉：武汉大学出版社，2017：258.

③ 参照2020年国家重点研发计划项目《公共文化资源智能共建共享与管理平台关键技术研究》中关于资源库群标准规范建设内容。

文化服务效能，而无法满足社会公众的多元化和个性化的文化需求。因此，基于我国公共数字文化服务的客观事实和数字化、网络化、智能化时代发展趋势，全面推动公共数字文化资源共建共享实践的社会化发展是其走向未来的必由之路。

推动公共数字文化资源共建共享进程的社会化发展要充分动员社会资本、各种基金会以及个人等非政府力量参与公共文化服务活动，其突破口在于引入市场竞争机制，释放社会力量，调动不同社会主体的参与积极性，形成"政府引导、市场主导、社会参与、多元投入、协力发展"的公共文化服务治理结构[①]。为此，党和政府相继出台了相关的政策法规，如党的十八届三中全会通过的《中共中央关于全面深化改革若干重大问题的决定》中提出要"引入竞争机制，推动公共文化服务社会发展。鼓励社会力量、社会资本参与公共文化服务体系建设，培育文化非营利组织"。在《关于加快构建现代公共文化服务体系的意见》中提出要"吸引社会资本投入公共文化领域，建立健全政府向社会力量购买公共文化服务机制"。而在《关于做好政府向社会购买公共文化服务工作的意见》中则直接明确了购买服务的范围，鼓励采用向社会购买、租赁、委托、特许经营、投资、管理、捐助等多元形式吸纳社会力量参与。

当前，我国公共文化服务的社会化发展为公共数字文化资源共建共享的社会化发展奠定了基础。但数字化、网络化、智能化时代的发展趋势则对公共数字文化资源共建共享的社会化发展提出了新的要求和挑战。

其一，根据市场需求加强设计、生产和创造数字文化产品，推进政府购买公共文化服务。各级政府通过举办公共数字文化产品和服务采购大会，通过线上线下相结合的方式，打造集推荐、展示、交流、交易为一体的"互联网＋展会"服务模式，搭建购买公共数字文化服务供需对接平台，如将公共数字文化服务引进城市"商圈"，进而创生公共数字文化服务活力。与之同时，需要健全政府购买公共数字文化服务的监管体系，鼓励购买主体、社会公众以及第三方评估主体共同参与评价，进而全面提升政府购买公共数字文化服务的质量。

其二，营造平等准入的发展环境，创新社会力量参与公共数字文化资源共

---

① 唐义 . 我国公共数字文化资源整合模式研究［M］. 武汉：武汉大学出版社，2017：247.

建共享进程。各级政府在推进购买公共数字文化服务的同时，鼓励和培育公共数字文化服务的社会力量，如利用现代信息技术提升文化志愿者参与服务的专业化水平，全面提升社会化力量承接组织公共数字文化服务的能力。

　　总之，推动公共数字文化资源共建共享实践的社会化发展，可有效推动公共数字文化服务资源从"体制内循环"升级为"社会外循环"，促进公共数字文化资源的优化配置，增强公共数字文化服务的创生力，最大限度满足人民群众的公共数字文化需求，全面提升人民群众对中华优秀文化和高质量现代文化的获得感和幸福感，满足其对未来美好生活的憧憬与向往。

结　语

党的十八大以来，公共文化服务体系建设成为国家文化发展战略的重要内容，成为"文化强国"与"网络强国"战略的必要组成部分，而与创新科技结合实现全民艺术普及更是《"十四五"公共文化服务体系建设规划》的重要指示，受到了国家的高度重视。全国各地都有文化馆、图书馆、博物馆等优秀文化传播的阵地，互联网也使得人们更容易接收到更多的信息，然而，公共数字文化资源共建共享进程仍面临着不少问题，如资源采集交换缺少统一的标准规范，数字资源"孤岛化"现象普遍存在，社会主体参与资源建设单一，缺少个性化服务等，如何构建公共数字文化资源共建共享服务模式，如何提升社会公众的文化体验和公共文化服务效能，成为亟待解决的重要现实问题。

本书主要致力于在对国外公共数字文化资源共建共享模式进行详细分析、经验总结的基础上，对我国公共数字文化资源共建共享的现状进行分析。通过借鉴国外实践经验，立足于我国现有的公共数字文化惠民工程，力求构建满足我国人民群众个性化、多样化、高品质文化需求的公共数字文化资源共建共享模式，提出相应的优化策略，聚焦从过去的"资源整合"向"资源融合"进阶转变，继而推动公共文化服务的数字化、网络化和智能化建设，进一步提升我国公共数字文化智慧化服务水平。

2022年，中共中央办公厅、国务院办公厅印发了《关于推进实施国家文化数字化战略的意见》，在"指导思想"部分明确提出，要以国家文化大数据体系建设为抓手；在"主要目标"部分明确指出，到"十四五"时期末，基本建成文化数字化基础设施和服务平台，形成线上线下融合互动、立体覆盖的文化服务供给体系，到2035年要建成国家文化大数据体系，中华文化全景呈现，中华文化数字化成果全民共享。研究团队深入研究了公共数字文化服务中出现的重要问题，通过分析总结，力求从用户需求、共享机制、公共数字文化资源共建共享模式建设机制等层面予以突破解决，助力公共文化传播事业的发展，增强公共文化数字内容的供给能力，提升公共文化服务的到达率、及时性，增强人民群众的获得感，以及通过数字化手段促进城乡公共文化服务一体化发展，并作出相关实践与探索。

参考文献

一、中文文献

［1］金莹．智慧化：公共文化服务的时代转型［M］．北京：中国社会科学文献出版社，2020.

［2］徐望．公共数字文化建设要求下的智慧文化服务体系建设研究［J］．电子政务，2018（3）.

［3］周耀林，王倩倩．亚太地区世界记忆工程的现状与推进［J］．档案与建设，2012（1）.

［4］戴艳清，孙颖博．美国大型网络公共数字文化项目服务营销策略［J］．图书馆论坛，2018（2）.

［5］卢海燕，孙利平．理解 IFLA 认识英国图书馆事业［J］．中国图书馆学报，2003（2）.

［6］杨柳，郭妮．法国国家数字图书馆建设及对我国数字图书馆发展的启示［J］．图书情报知识，2013（2）.

［7］戴艳清．基于用户体验的公共数字文化服务营销研究［M］．北京：知识产权出版社，2020.

［8］罗云川，张桂刚．公共数字文化共享：模式、框架与技术［M］．北京：社会科学文献出版社，2018.

［9］戴珩．全民艺术普及：文化馆的责任与使命［OL］．2015-11-09，http：//www.jsswhg.com/whzx/list-14/104.html.

［10］唐义．我国公共数字文化资源整合模式研究［M］．武汉：武汉大学出版社，2017.

［11］裴雷，马费成．公共数字信息资源的建设与开发利用对策［J］．中国图书馆学报，2007（6）．

［12］马子雷．公益性数字文化建设"顶层设计"提上日程［N］．中国文化报，2011-04-20．

［13］王淼，孙红蕾，郑建明．公共数字文化：概念解析与研究进展［J］．现代情报，2017（7）．

［14］肖希明．"国外公共数字文化服务资源整合研究"专题引言［J］．图书与情报，2015（1）．

［15］李鑫炜．我国公共数字文化服务体系政策文本分析［J］．河北大学硕士学位论文，2018：9．

［16］李景源，陈威．中国公共文化服务发展报告2007［M］．北京：社会科学文献出版社，2007．

［17］崔建民．试论我国文化事业单位改革的途径［J］．中国社会科学院研究生院学报，2008（3）．

［18］毕强，等．数字资源建设与管理［M］．北京：科学出版社，2011．

［19］吴丹，樊舒．面向多源异构资源融合的公共文化数字化建设路径［J］．西安交通大学学报（社会科学版），2021（5）．

［20］韦楠华，吴高．公共数字文化资源共建共享现状、障碍及对策研究［J］．图书馆建设，2018（9）．

［21］肖希明，唐义．公共数字文化资源整合动力机制研究［J］．图书馆建设，2014（7）．

［22］陈波．"文化空间获得感"及其发展向度［J］．人民论坛，2020（17）．

［23］汝萌，李岱．我国公共数字文化服务使用情况调查研究［J］．图书馆建设，2017（2）．

［24］华方园，陈思任，余安琪．国内公共数字文化服务平台建设现状调查分析［J］．图书馆研究，2018（1）．

［25］韦景竹，等．公共数字文化服务需求调查［J］．图书馆论坛，2015（11）．

［26］李文川，陈承，胡雅文．公共数字文化云资源服务创新研究［J］．图

书馆，2017（2）.

［27］刘炜，张奇，张喆昱.大数据创新公共文化服务研究［J］.图书馆建设，2016（3）.

［28］完颜邓邓.公共数字文化服务中的社会合作研究［J］.图书与情报，2016（3）.

［29］肖希明，完颜邓邓.治理理论与公共数字文化服务的社会参与［J］.图书馆论坛，2016（7）.

［30］周永红.论知识创新中的图书情报服务平台建设［J］.情报资料工作，2005（2）.

［31］李宏.公共数字文化体系建设与服务［J］.图书馆研究与工作，2017（1）.

［32］汪强.《全国公共图书馆事业发展"十二五"规划》之关键词解读［J］.图书馆建设，2013（9）.

［33］祁自顺.数字图书馆推广工程——数字文化建设工程的新引擎［J］.数字与缩微影像，2013（1）.

［34］李晓明，姜晓曦，韩萌.数字图书馆推广工程数字资源共建共享模式探析［J］.国家图书馆学刊，2012（10）.

［35］初霞.打造"文化云"，提升软实力［N］.哈尔滨日报，2012-06-26（4）.

［36］王丹，陈雅.基于区块链技术的公共数字文化服务云平台架构研究［J］.图书馆学研究，2021（11）.

［37］白雪华，韩业庭.用数字化赋能公共文化服务［N］.光明日报，2022-04-26（5）.

［38］韩思奇.全国文化信息资源共享工程中知识产权的制度创新［D］.西北大学硕士学位论文，2014.

［39］齐崇文.论公共文化服务中数字版权的实现［J］.出版科学，2017（5）.

［40］高峰.公共数字文化资源整合中的数据库版权问题［J］.图书馆，2015（9）.

［41］罗云川，阮平南．公共文化服务网络治理：主体、关系、模式［J］．图书馆建设，2016（1）．

［42］徐欣禄．全国文化信息资源共享工程资源建设项目运作的探讨［J］．图书馆建设，2008（2）．

［43］林敏娟，石良亮．精准化视角下的公共文化服务：一个分析框架［J］．广西社会科学，2018（4）．

［44］肖希明，刘巧园．国外公共数字文化资源整合研究进展［J］．中国图书馆学报，2015（5）．

［45］肖希明，田蓉．国外公共数字文化资源整合的现状与发展趋势［J］．国家图书馆学刊，2014（5）．

［46］完颜邓邓，童雨萱．供需匹配视角下国外公共数字文化资源整合平台服务方式调查分析［J］．图书馆建设，2021（10）．

［47］汪静．Europeana 发展现状及启示［J］．数字图书馆论坛，2017（3）．

［48］世界数字图书馆法律公告［OL］．世界数字图书馆，http：//www.wdl. org/zh/legal/．

［49］杨蕾．国外公共数字文化资源整合的知识产权策略［J］．图书馆学研究，2017（23）．

［50］陈兵．欧盟《数字化单一市场版权指令（草案）》评述［J］．图书馆，2017（9）．

［51］严杰，刘人境，刘晗．国内外众包研究综述［J］．中国科技论坛，2017（8）．

［52］完颜邓邓，童雨萱．供需匹配视角下国外公共数字文化资源整合平台服务方式调查分析［J/OL］．图书馆建设（网络首发），https：//kns.cnki.net/kcms/detail/23.1331.G2.20211028.1658.002.html．

［53］刘开蒙，史武鹏．英国国家档案馆网站多元化信息服务特色及启示［J］．四川档案，2016（2）．

［54］完颜邓邓，王文斐．公众参与公共数字文化建设的实践探索与推进策略［J］．国家图书馆学刊，2020（3）．

［55］吕元智．基于场景的个性化档案移动服务模式探究［J］．档案学通讯，

2019（5）.

［56］高峰 . 公共数字文化资源整合中的数据库版权问题［J］. 图书馆，2015（9）.

［57］［美］E. S. 萨瓦斯 . 民营化与公私部门的伙伴关系［M］. 周志忍译 . 北京：中国人民大学出版社，2002.

［58］沈玉兰，袁名敦 . 标准化是建设好我国数字图书馆的重要保证［J］. 现代图书情报技术，2002（2）.

［59］杜荣胜 . 政府购买公共服务问题和对策研究［J］. 财政研究，2014（6）.

［60］王云才 . 论以 CCL 模式解决开放存取版权问题［J］. 情报资料工作，2007（6）.

［61］曾琳 . 著作权法第三次修正下的"限制与例外"制度应用研究［M］. 北京：中国政法大学出版社，2016.

［62］张彦博，等 . 文化共享工程建设与服务［M］. 北京：北京师范大学出版社，2013.

［63］高峰，肖希明 . 公共数字文化资源利用中的公众版权意识调查［J］. 图书馆，2015（9）.

［64］陈家迁 . 信息安全技术项目教程［M］. 北京：北京理工大学出版社，2016.

［65］刘莉 . 浙江省基本公共文化服务标准化、均等化财政保障研究［J］. 市场论坛，2016（8）.

［66］冯庆东 . 美国公共文化服务体系建设与管理的主要特点及启示［J］. 人文天下，2015（16）.

［67］傅才武，等 . 现代公共文化服务体系建设中的财政保障标准研究［J］. 福建论坛（人文社会科学版），2015（4）.

二、外文文献

［68］Kuibyshev L A, Brakker N V. Libraries and museums：co-operation and integration of electronic resources［J］. *Russian Digital Libraries Journal*, 2000,

3（2）：123-132.

［69］Griffitths J M，Donald W K. The IMLS national study on the use of libraries，museums and the Internet-conclusions［EB/OL］.［2021-08-01］. http：//interconnectionsreport. org/respects/ConclusionFullRpB.pdf.

［70］Dilevko J，Gottlieb L. Resurrecting a neglected idea：the reintroduction of library-museum hybrids［J］. *The Library Quarterly*，2003，73（2）：160-198.

［71］Marcum D. Archives，libraries，museums：coming back together?［J］. *Information & Culture: A Journal of History*，2014，49（1）：74-89.

［72］Hudson E，Kenyon A. Digital access：the impact of copyright on digitisation practices in Australian museums，galleries，libraries and archives［J］. *UNNSW Law Journal*，2007，30（1）：12-62.

［73］Katre D. Converging and diverging factors of LAMs paradigm in digital preservation with gap analysis from Indian perspective［EB/OL］.［2021-10-08］. http：//w3. ifla. Org/files/assets/hq/publications/ifla-journal/ifla-journal-37-3_2011. pdf#page=11.

［74］Vengerfeldt P P，Aljas A. Digital cultural heritage-challenging museums，archives and users［J］. *Journal of Ethnology and Folkloristics*，2009，3（1）：109-127.

［75］Kuibyshev L A，Brakker N V. Libraries and museums：co-operation and integration of electronic resources［J］. *Russian Digital Libraries Journal*，2000，3（2）：123-132.

［76］Hindal S，Wyller E H. The Norwegian Archive，Libraries and Museum Authority-our role in a society based on knowledge and culture［J］. *Libraries Review*，2004，53（4）：207-212.

［77］Novia J. Libraries，Archive and Museum（LAM）collaboration：driving forces and recent trends［J］. *The Journal of the New Members Round Table*，2012（1）：1-10.

［78］Purday J. Think culture: Europeana. eu form concept to construction［J］. *The Electronic Library*, 2009, 276）: 919-937.

［79］Holmes D. *Virtual Globalization: Virtual Spaces/Tourist Spaces*［M］. Routledge, 2002: 16.

［80］Minerva. Intellectual Property Guidelines. http: //www.minervaeurope. org/publica-tions/ MINERVAeC%20IPR%20Guide_ final1.

［81］Europeana. Public Domain Charter. http: //www.europeana.eu/portal/en/ rights/public-domain-charter.html.

［82］Europeana. Europeana Usage Guidelines for Public Domain Works. http: //www.europeana.eu/portal/rights/pd-usage-guide.html.

［83］DPLA. Metadata Policy Statement. http: //dp.la/info/about/policies/.

［84］Europeana. Toppop. David Bowie 10. http: //www.europeana.eu/ portal/record/2022102/urn_axmedis_00000_obj_bbd45593_078d_4a9c_8e54 _431e0bcc660b.html?utm_source=featureditem&utm_medium=portal&utm_ campaign=Featured%2Bitem.

［85］Europeana Professional. Consultations. http: //pro.europeana.eu/ advocacy-consultation.

［86］Culture Chatbot. https: //pro.europeana.eu/project/Culture-chatbot.

［87］Save your Favorite DPLA Items with New List Feature. https: //dp.la/ news/save-your-favorite-dpla-items-with-new-list-feature.

［88］Transcribathon. https: //europeana.transcribathon.eu/documents/.

［89］DigiLab. https: //www.bac-lac.gc.ca/eng/services-public/Pages/diGilab. aspx.

［90］Welcome to Co-Lab!. https: //co-lab.bac-lac.gc.ca/eng/.

［91］Library and Archives Canada.Resources for staying at home. https: // www.bac-lac.gc.ca/eng/stay-connected/Pages/stay-home-resources.aspx.

［92］Europeana Aggregators. https: //pro.europeana.e u/page/aggRegators.

［93］The new Europeana collections from a teacher's perspective. https: // pro.europeana.eu/post/the-new-europeana- collections-from-a-teacher-s-perspective.

［94］Parthenos releases new training module for digital humanities researchers. https：//pro.europeana.eu/post/parthenos-releases-new-training-module-for-digital-humanities-researchers.

［95］Making the Europeana website accessible to all. https：//pro.europeana.eu/post/making-the-europeana-collections-website-accessible-to-all.

责任编辑：李志忠　林昱辰

责任印制：孙颖慧

封面设计：中文天地

图书在版编目（CIP）数据

公共数字文化资源共建共享模式研究 / 罗云川，祁
艳主编；张宜春，楚义芳，欧阳平方副主编. -- 北京：
中国旅游出版社，2022.12

ISBN 978-7-5032-7093-2

Ⅰ. ①公… Ⅱ. ①罗… ②祁… ③张… ④楚… ⑤欧
… Ⅲ. ①数字信息－信息资源－资源共享－研究－中国
Ⅳ. ①G203

中国国家版本馆CIP数据核字（2023）第022800号

书　　名：公共数字文化资源共建共享模式研究

作　　者：罗云川　祁艳　主编

　　　　　张宜春　楚义芳　欧阳平方　副主编

出版发行：中国旅游出版社

　　　　　（北京静安东里6号　邮编：100028）

　　　　　http://www.cttp.net.cn　E-mail:cttp@mct.gov.cn

　　　　　营销中心电话：010-57377108，010-57377109

　　　　　读者服务部电话：010-57377151

排　　版：北京旅教文化传播有限公司

经　　销：全国各地新华书店

印　　刷：三河市灵山芝兰印刷有限公司

版　　次：2022年12月第1版　2022年12月第1次印刷

开　　本：720毫米×970毫米　1/16

印　　张：12.25

字　　数：193千

定　　价：59.00元

ＩＳＢＮ　978-7-5032-7093-2